Peter Schaefer

Klänge, Emotionen und Audiobranding

Markenkommunikation mit Musik vor dem Hintergrund der emotionalen Wirkung musikalischer Gestaltungsparameter

disserta
Verlag

Schaefer, Peter: Klänge, Emotionen und Audiobranding: Markenkommunikation mit Musik vor dem Hintergrund der emotionalen Wirkung musikalischer Gestaltungsparameter.

Buch-ISBN: 978-3-95425-772-0
PDF-eBook-ISBN: 978-3-95425-773-7
Druck/Herstellung: disserta Verlag, Hamburg, 2014
Covergestaltung: Rieke Heinze

Bibliografische Information der Deutschen Nationalbibliothek:
Die Deutsche Nationalbibliothek verzeichnet diese Publikation in der Deutschen Nationalbibliografie; detaillierte bibliografische Daten sind im Internet über http://dnb.d-nb.de abrufbar.

Das Werk einschließlich aller seiner Teile ist urheberrechtlich geschützt. Jede Verwertung außerhalb der Grenzen des Urheberrechtsgesetzes ist ohne Zustimmung des Verlages unzulässig und strafbar. Dies gilt insbesondere für Vervielfältigungen, Übersetzungen, Mikroverfilmungen und die Einspeicherung und Bearbeitung in elektronischen Systemen.

Die Wiedergabe von Gebrauchsnamen, Handelsnamen, Warenbezeichnungen usw. in diesem Werk berechtigt auch ohne besondere Kennzeichnung nicht zu der Annahme, dass solche Namen im Sinne der Warenzeichen- und Markenschutz-Gesetzgebung als frei zu betrachten wären und daher von jedermann benutzt werden dürften.

Die Informationen in diesem Werk wurden mit Sorgfalt erarbeitet. Dennoch können Fehler nicht vollständig ausgeschlossen werden und die Diplomica Verlag GmbH, die Autoren oder Übersetzer übernehmen keine juristische Verantwortung oder irgendeine Haftung für evtl. verbliebene fehlerhafte Angaben und deren Folgen.

Alle Rechte vorbehalten

© disserta Verlag, Imprint der Diplomica Verlag GmbH
Hermannstal 119k, 22119 Hamburg
http://www.disserta-verlag.de, Hamburg 2014
Printed in Germany

Inhalt

Einleitung 7

1. Markenkommunikation 13
    1.1. Integrierte Kommunikation 14

2. Emotionen 18
    2.1. Grundsätzliches 18
    2.2. Emotionales Erleben 21

3. Informationsverarbeitung 26
    3.1. Einfluss von Musik auf das autonome Nervensystem 26
        3.1.1. Physiologische Erregung/Aktivierung 27
            3.1.1.1. Aktivierung und Entspannung als Verstehensmodell für Emotionen 30
            3.1.1.2. Ausgew. Forschungsergebnisse zu Aktivierung, Musik und Emotion 32
        3.1.2. Musik und Aufmerksamkeit 33
    3.2. Symbolische Gedächtnismodelle 37
        3.2.1. Semantische Netzwerke 37
        3.2.2. Schemawissen 38
        3.2.3. Symbolische Gedächtnismodelle und Markenwissen 41

4. Vermittlung und Evokation von Emotionen durch Musik 45
    4.1. Die Neurowissenschaft zur Verknüpfung zw. akustischen Reizen und Emotionen 46
        4.1.1. Evaluation (Appraisal Theory) 48
        4.1.2. Gedächtnisrepräsentation (Memory) 51
        4.1.3. Empathie 52
        4.1.4. Propriozeptives Feedback und motorischer Ausdruck 54
        4.1.5. Musikalische Erwartung und Emotion 56
        4.1.6. Multisensuale Wahrnehmung 59
        4.1.7. Glück versus Freude 62
    4.2. Gefallen und Anziehungskraft 64
    4.3. Verbindungen zwischen sprachlicher und musikalischer Melodik 65
    4.4. Kategorisierung von akustischen Reizen 69
    4.5. Musikalische Reize und emotionaler Ausdruck 71

4.5.1. Zeit 75

4.5.2. Klang 76

4.5.3. Zusammenführung von Zeit und Klang 78

4.5.4. Form 80

4.5.5. Kontext und Performance 81

5. Umsetzung und Anwendung in der Markenkommunikation mit Musik 86

5.1. Akustische Markenführung 86

5.2. Funktionen musikalischer Reize in der Markenkommunikation 88

5.2.1. Funktion als Hinweisreiz auf Markenwissen 88

5.2.2. Funktion als Transporteur einer Markenpositionierung 89

5.2.3. Funktion als integrative Kraft in der Markenkommunikation 92

5.2.3.1. Integration innerhalb und zwischen Sinnesmodalitäten 93

5.2.3.2. Integration zwischen Kommunikationskanälen 93

5.2.3.3. Zeitliche Integration 93

5.3. Operatives Vorgehen 95

5.4. Akustische Markenelemente 97

5.4.1. Audio-Logo 97

5.4.2. Jingle 99

5.4.3. Brand Music und Soundscapes 99

5.5. Wirksamkeit funktionaler Musik und Grenzen der akustischen Markenführung 101

6. Fazit 105

6.1. Ergebnisse 105

6.2. Implikationen für den Musikunterricht 108

6.2.1. Mechanismen der Emotionalisierung 109

6.2.2. Strategien zu souveränem Konsumverhalten 111

6.2.3. Bezug zum Bildungsplan 112

7. Abschluss 115

8. Literaturverzeichnis 117

Einleitung

Im Januar 2007 wurden von der *audio consulting group* 30 DAX Unternehmen zum Thema akustische Markenführung befragt. Die *key facts* zeigen in eine recht eindeutige Tendenz: 75,1 % der befragten Unternehmen verbinden mit der akustischen Markenführung ein hohes Erfolgspotential für ihre Marke und 37,5 % der Unternehmen verstärken ihr Markenimage bereits durch eine akustische Markenkomponente. Über ein Drittel der Unternehmen plant, ihre Marke akustisch zu ergänzen und über die Hälfte aller Befragten wünscht sich von Seiten der Marktforschung Tools zur Wirkungsmessung akustischer Markenelemente.[1]

Für die Lebenswirklichkeit eines Konsumenten bedeutet dies, dass die Begegnung mit instrumentell und emotional manipulativ ausgearbeiteten Audio-Logos und anderen akustischen Markenelementen zunehmen wird. Bemerkenswert ist hierbei vor allem, dass sich der konzeptionelle Ansatz der Werbenden geändert hat. Wurde Früher tendenziell noch eher Hintergrundmusik ausgewählt, die vor allem den stilistischen Präferenzen der Zielgruppe genügen sollte, werden heute Markenwerte kommuniziert. Eine Marke klingt nicht mehr nur *jugendlich*, sondern sie kommuniziert *das Reine* oder *das Innovative* und versucht dabei, diese Werte auf einer emotionalen Kommunikationsebene möglichst vielen Zielgruppen gleichzeitig zu vermitteln. Die Werbeindustrie verabschiedet sich also immer mehr von der klassischen Kundenorientierung und bewegt sich zunehmend hin zum Marketing und Verkauf aus Sicht des (emotionalen) Gehirns. Wie die Hirnforschung in den letzten Jahren immer deutlicher zeigen konnte, fallen Kaufentscheidungen nämlich bei weitem nicht so rational, kontrolliert und bewusst, wie bisher vermutet wurde. Kaufentscheidungen, soviel ist mittlerweile bekannt, fallen zum einen meist unbewusst und zum anderen aufgrund komplexer, aber immer nachvollziehbarerer, emotionaler Bewertungsprozesse.[2]

Gerade Musik ist in der Lage, unmittelbare und teils unbewusste emotionale Reaktionen beim Hörer hervorzurufen. Das Credo, das hierbei aufgegriffen wird, lautet, dass

---

[1] Vgl. audio consulting group (2007)
[2] vgl. Häusel (2010)

Musik nicht einfach nur irgendeine Schallmasse ist, sondern eine komplexe Chemie kontrollierbarer Elemente.[3] Im Rahmen der sogenannten akustischen Markenführung werden die Erkenntnisse aus der Hirnforschung mit musikpsychologischen, soziologischen und anderen marketingrelevanten Erkenntnissen in Verbindung gebracht, was sie zum bevorzugten Instrument der Emotionalisierung von Marken und Produkten macht.

Was genau geschieht bei der Emotionalisierung von Marken und Produkten jedoch aus musikpsychologischer Sicht? Das noch recht junge Feld des Audio-Branding, wie die akustische Markenführung auch genannt wird, behauptet unter anderem, Marken emotional aufladen zu können und Emotionen im Konsumenten beeinflussen zu können. Unweigerlich fühlt man sich bei dieser Behauptung an die musiktheoretische Idee der Affektenlehre im Barock erinnert. Es ist mittlerweile bestätigt, dass es eine Theorie im Sinne eines Baukastenprinzips zur Erzeugung gewisser affektiver Zustände nie gab. Seit dem 20. Jahrhundert wird die symbolische Darstellung der Affektenlehre jedoch wieder aufgewertet – auch um sich gegen den gesteigerten Ausdruck der Spätromantik zu richten.

Die Idee bleibt ja auch faszinierend: Ist es möglich, Musik in einem solchen Grad instrumentell zu verwenden, dass emotionale Reaktionen vorhersehbar und verlässlich eintreten? Möchte man sich auf die Hypothese einmal einlassen, muss man sich zunächst Gedanken darüber machen, durch welche Elemente Musik gestaltet wird. In der Musiktheorie wird seit dem siebten Jahrhundert vor Christus eine Notation entwickelt, die versucht, mit vereinbarten symbolischen Zeichen, musikalische Sachverhalte durch Noten aufzuzeichnen. Dieses System stößt dabei immer wieder an Grenzen – was gehört werden kann, kann nicht mehr abgebildet werden. Dann muss das Wahrgenommene unter einem neuen Parameter betrachtet und dieser symbolisch in seiner Ausgestaltung abbildbar gemacht werden. So hatten die ersten bekannten Notationen noch keine Takteinheiten und bei weitem nicht die ausdifferenzierte Möglichkeit, rhythmische Strukturen eindeutig abzubilden. Sobald neue Repräsentationen musikalischer Vorgänge jedoch eingeführt wurden, konnten sie funktional eingesetzt werden, um Musik bewusst zu gestalten.[4] Die

---

[3] vgl. Bruner (1990), S. 94
[4] In einer Analogie gefasst könnte man sagen, der Bildhauer hat ein neues Werkzeug, um eine Skulptur zu schaffen. In den Bereich der Musik übersetzt stößt man jedoch gerade dann an ein Problem: Gerade

Zusammenfassung all dieser gestalterischen Parameter kann im Begriff *musikalische Gestaltungsparameter* gefasst werden. Diese beziehen sich beispielsweise auf Repräsentationsdimensionen wie Zeit und Klang.

Das Anliegen dieses Buches ist es nun, aufzuzeigen, wie Emotionen durch Musik evoziert werden, welche Rolle musikalische Gestaltungsparameter dabei spielen und wie sie im Konzept der akustischen Markenführung umgesetzt werden. Die Behauptung, die hinter diesem Anliegen steht lautet wie folgt.

Durch die gezielte Verwendung musikalischer Gestaltungsparameter können im Zusammenspiel mit konsequenter akustischer Markenführung emotionale Reaktionen und Bewertungen beim Konsumenten gezielt hervorgerufen und beeinflusst werden.

Um die Rahmenbedingungen verstehen zu können, in denen sich die akustische Markenführung bewegt, sollen daher im ersten Kapitel zunächst die Grundprinzipien der Markenkommunikation skizziert werden. Das Kapitel wird allgemeine Grundlagen zur Kommunikationspolitik von Marken und Produkten schaffen und die zugrundeliegenden Ansätze der identitätsorientierten Markenführung und der integrierten Kommunikation erläutern, bevor im zweiten Kapitel ein Blick auf das emotionale Erleben von Musik geworfen werden wird.

Der Kontakt mit emotionalisierenden Kommunikationsmaßnahmen ist dabei zwangsläufig immer auch durch ein emotionales Erleben derselben gekennzeichnet. Eine einleitende Präzisierung des Emotionsbegriffs leitet im zweiten Kapitel daher zur Betrachtung des emotionalen Erlebens über, welche auch die Unterscheidung von Wahrnehmung und Induktion von Gefühlen berücksichtigt und Einzelkomponenten des emotionalen Erlebens benennt.

Obwohl die Werbemaßnahmen, insbesondere der akustischen Markenführung, auf einer emotionalen Ebene ablaufen, werden jedoch noch immer Informationen vermittelt. Mit

---

weil Musikhören ein hoch emotionales Erlebnis ist, wird der Gedanke, dass Kunst immer auch Handwerk ist von einem Kunstgedanken verdrängt, der teilweise mystische Züge trägt und deshalb zu einem gewissen Grad auch religiösen Charakter hat. Dass Kunst und Funktionalität nicht diametrale Gegensätze sind, sondern sich ergänzen können, ist in anderen Bereichen nicht nur längst angekommen, sondern legt sogar Grundideen für komplett neue gestalterische Ansätze, beispielsweise im Design.

der Neuerung allerdings, dass diese Informationen entweder bereits emotionaler Natur sind, oder aber emotionale Reaktionen hervorrufen sollen. Das dritte Kapitel wird sich deshalb mit der menschlichen Informationsverarbeitung befassen. Hierzu wird zunächst ein Blick auf zerebrale Vorgänge der Verarbeitung musikalischer Reize geworfen werden, die ihrerseits für Aktivierungs- und Aufmerksamkeitsprozesse verantwortlich sind.

Musikalische Reize setzen ihren emotionalen Gehalt dabei unter anderem frei, indem sie auf bestimmte Wissensinhalte im Gedächtnis der Kunden verweisen. Dieses Markenwissen kann mit Hilfe der akustischen Markenführung sowohl aufgebaut, als auch abgerufen und mit Hilfe von Gedächtnismodellen der Kognitionspsychologie veranschaulicht werden. Die (emotionale) Interpretation akustischer Reize geschieht dabei immer vor dem Hintergrund bereits vorhandener Wissensstrukturen, was auch eine Schlussfolgerung für den Ästhetikbegriff zulässt. Im zweiten Teil des dritten Kapitels werden deshalb symbolische Gedächtnismodelle hinsichtlich ihrer Funktionsweise und ihrer Verwendung für Markenwissen, auch mit akustischen Bestandteilen, betrachtet.

In Kapitel vier wird dann der logische nächste Schritt vollzogen, indem gezeigt wird, wie Emotionen vor dem Hintergrund der bisher besprochenen Kapitel tatsächlich erzeugt werden. Die Perspektive, die bei der Ausgestaltung von akustischen Kommunikationsmaßnahmen eingenommen wird, ist die des Gehirns des Konsumenten. Der Aufarbeitung dieser Ausrichtung wird die Arbeit durch die Betrachtung neurowissenschaftlicher Erkenntnisse zu Musik und Emotion zu Beginn des vierten Kapitels gerecht. Insbesondere die eingangs besprochenen emotionalen Bewertungen werden hier neben anderen Prinzipien und Faktoren genauer betrachtet, bevor sich der Gedankengang auf die Verbindung von musikalischen Gestaltungsparametern und ihrem emotionalen Ausdruck präzisieren wird.

Hierzu werden akustische Reize zunächst inhaltlich, sowie hinsichtlich ihrer gestalterischen Dimensionen, klassifiziert. Neben einer Betrachtung bisheriger Klassifizierungsmodelle für musikalische Reize im speziellen, wird der Vorschlag einer Klassifizierungsstruktur gemacht werden, der sowohl herkömmliche Erkenntnisse anerkennt, als auch neue Informationen mit einbezieht und musikalische Reize hinsichtlich der Dimensionen Zeit, Klang und Form, sowie Kontext und Performance klassifiziert. Die einzelnen Komponenten werden in ihrer Struktur und Funktionsweise erklärt und jeweils vorhandene empirische Befunde vorgelegt.

Um die besprochenen Befunde jedoch in ihrer weitreichenden Bedeutung erfassen zu können, muss an dieser Stelle eine Besprechung der Umsetzung und Anwendung erfolgen. Kapitel fünf wird sich deshalb mit den emotionalen Aufgaben musikalischer Reize in der Markenkommunikation mit Musik beschäftigen, sowie das operative Vorgehen kurz skizzieren. Außerdem werden die gängigen akustischen Markenelemente (bspw. Audio-Logo, Jingle, etc.) besprochen, sowie hinsichtlich ihrer Wirkungsweise und Funktionalität im Rahmen musikevozierter Emotionen betrachtet, bevor das Kapitel mit einer Diskussion über die Wirksamkeit funktionaler Musik und den Grenzen der akustischen Markenführung abschließt.

Wie eingangs bereits angesprochen wurde, wird die Häufigkeit, mit der Konsumenten mit emotionalisierenden Werbemaßnahmen in Kontakt treten werden, zunehmen. Da die Werbemaßnahmen sich mit den hier besprochenen Mechanismen nicht mehr primär an konventionellen Zielgruppen orientiert, sondern darüber hinaus versucht, sich zusätzlich über bestimmte Emotionen zu profilieren, schließt diese Lebensrealität alle Konsumentengruppen, über mehrere Zielgruppen hinweg, mit ein. Eine Gruppe, deren emotionale Unreife dazu führt, besonders zugänglich für diese Werbemaßnahmen zu sein, ist die der Kinder und Jugendlichen. Folgt man nun dem Anspruch, Schule solle die Kinder und Jugendlichen in einer möglichst ganzheitlichen Art und Weise auf die Lebensrealität nach der Schulzeit vorbereiten, muss man zwangsläufig zum Schluss kommen, dass veränderte Ansätze in der Markenkommunikation mit Musik auch zu veränderten Ansätzen in der Schule führen müssen. Kapitel sechs wird deshalb zum einen die Ergebnisse zusammenfassen und zum anderen versuchen, Implikationen für den Musikunterricht zu geben. Abbildung 1 stellt Aufbau und Struktur der Arbeit schematisch dar.

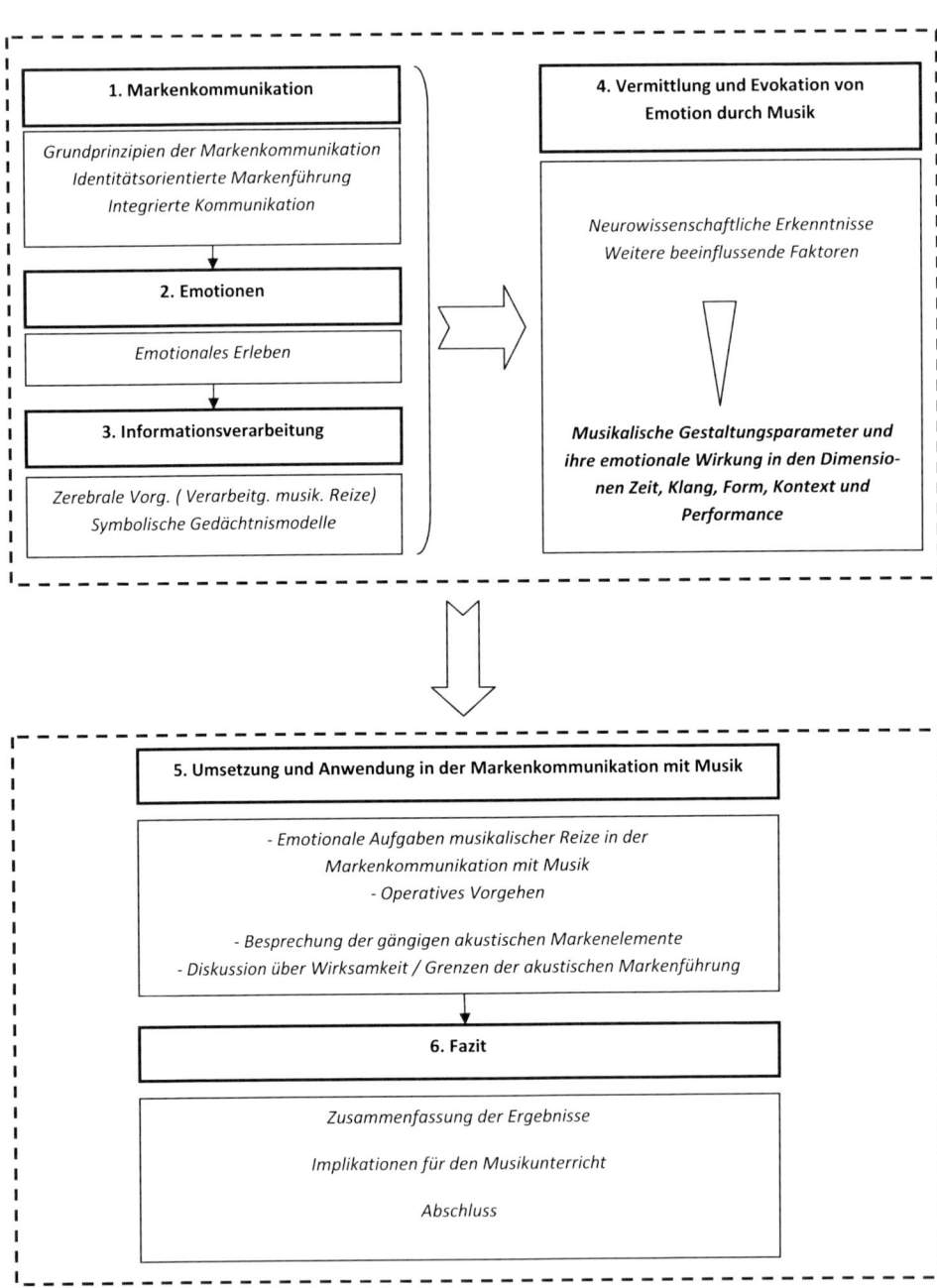

Abbildung 1: Aufbau und Struktur der Arbeit

1 Markenkommunikation

Die Kommunikationspolitik in Bezug auf Marken hat zwei grundsätzliche Ziele: Erstens die Schaffung von *Markenbekanntheit* - durch die Konsumenten, bzw. das Erinnern (*recall*) und das Wiedererkennen (*recognition*) einer Marke - und zweitens der Aufbau oder die Anpassung eines *Markenimages*, einem in der Psyche verankerten Vorstellungsbild der jeweiligen Marke.[5]

Diese Ziele der allgemeinen Kommunikationspolitik für Marken korrespondieren mit den vorrangigen Zielen der akustischen Markenführung: Steigerung der Erinnerung, der Wiedererkennung und der Prägnanz einer Marke; Verbesserung der empfundenen markenbezogenen Kompetenz; Gewinn der Sympathie und des Vertrauens der Konsumenten – hieraus resultieren die beiden Zielgrößen *Markenbekanntheit* und *Markenimage*.[6] Das Konzept der akustischen Markenführung erweitert dabei die Kommunikation von Unternehmen und Marken um eine *auditive Emotionalität*, wodurch eine noch stärkere Bindung und Identifikation bei den Zielgruppen erreicht wird.[7]

Außerdem können Marken mit Hilfe der akustischen Markenführung der sinkenden *Kommunikationseffizienz* zwischen Marke und Konsument entgegenwirken, indem sie die Differenzierung, Wiedererkennung, Emotionalisierung und Identifikation von und zwischen Marken erleichtern.[8] Gerade dieser Aspekt ist bei der heutigen Zunahme und Verdichtung von Kommunikationsmaßnahmen, die auf einen Konsumenten einwirken, besonders wichtig und verlangt nach zeitgemäßen Ansätzen in der Kommunikationspolitik. Früher wurde angenommen, dass eine möglichst hohe Kommunikationseffizienz dadurch erreicht wird, dass der akustische Markenauftritt allein gemäß den musikalischen Vorstellungen der Zielgruppe konzipiert wird. Der Kunde sollte in Marktforschungsstudien der Industrie erzählen, wie alt er ist, wie viel er verdient usw., worauf dann die Markenkommunikation abgestimmt wurde. Heute hingegen orientiert sich

---
[5] vgl. Meffert, Burmann & Kirchgeorg (2007), S. 634 ff., zitiert nach Ballhausen & Tallau (2008), S. 49
[6] vgl. Ballhausen & Tallau (2008), S. 49
[7] vgl. Raffaseder (2009)
[8] vgl. Ballhausen & Tallau (2008), S. 48

die Markenkommunikation primär an den Werten der Marke: der *Markenidentität*.[9] Nicht nur Young Professionals in den Mittzwanzigern werden angesprochen, sondern alle, die das Abenteuer suchen, gerne neues entdecken und sich mit einem Produkt identifizieren können, dass ihnen Unabhängigkeit verspricht – ganz egal, ob sie 16 Jahre alt sind und das Geld ihrer Eltern ausgeben, oder ob sie 40 Jahre alt sind und ein Eigenheim besitzen. Man schafft eine Identität, die mit gewissen Attributen und Versprechungen (vor allem auch emotionaler Natur) ausgestattet ist und gestaltet seine Markenkommunikation entlang dieser Identität. Man spricht in diesem Zusammenhang deshalb von der *identitätsorientierten* Markenführung.

Das Ziel der *identitätsorientierten Markenführung* ist es, eine möglichst exakte Übereinstimmung von Markenidentität (originärem Selbstbild der Marke aus Sicht des Unternehmens) und Markenimage (Fremdbild der Marke aus Sicht der anvisierten Zielgruppe) zu erreichen.[10] Eine optimale Markenstärke gilt dann als gegeben, wenn durch kommunikationspolitische Maßnahmen eine Deckungsgleichheit zwischen Markenimage und Markenidentität erreicht wird.[11] Handelt es sich um ein Unternehmen, gilt analog zur Identität der Marke die sogenannte Unternehmensidentität, auch *corporate identity* genannt. Diese Marken- oder Unternehmensidentität ist zumeist der erste Orientierungspunkt, wenn es darum geht, kommunikationspolitische Maßnahmen zu entwerfen.[12]

1.1 Integrierte Kommunikation

Der wichtigste Aspekt beim Entwurf eines Markenauftritts ist jedoch, dass er insgesamt widerspruchsfrei, konsistent und konstant kreiert sein muss, um die gesetzten Ziele einer hohen Markenbekanntheit, eines bestimmten Markenimages, aber auch um eine eindeutige Differenzierung und Identifizierung der Marken, zu erreichen.[13] In der Markenkommunikation findet man hierzu den Prozess der *integrierten Kommuni-*

---

[9] vgl. Langeslag & Hirsch (2003), S. 240, zitiert nach Ballhausen & Tallau (2008), S. 50
[10] vgl. Ballhausen & Tallau (2008), S. 49
[11] Vgl. Krugmann & Langeslag (2009), S. 73
[12] vgl. Eschbach (2005), S. 22, zitiert nach Ballhausen & Tallau (2008), S. 50/51
[13] vgl. Ballhausen & Tallau (2008), S. 49

kation als Ansatz. Hierbei soll durch intensive inhaltliche, zeitliche und formale Abstimmung sämtlicher kommunikativer Maßnahmen die interne und externe Darstellung einer Marke koordiniert werden.[14] Das Ziel ist, durch eine konsequente Integration der Kommunikation bei allen Zielgruppen, ein einheitliches, abgestimmtes und kontinuierliches Erscheinungsbild zu erreichen.[15] Dabei wird die Wahrnehmung der Persönlichkeit einer Marke durch jeden direkten oder indirekten Kontakt mit der Marke bestimmt.[16] Es bietet sich als Vorüberlegung daher an, Markenkommunikation aus der Perspektive der Berührungspunkte (*touchpoints*) von Konsumenten mit der Marke zu sehen.

Die Markenkontaktpunkte (*touchpoints*) lassen sich aus Sicht der Zielgruppe in vier Kategorien einteilen: Prä-Kauf-Kontaktpunkte (z.B. Werbung), Kauf-Kontaktpunkte (z.B. Kaufhaus), Nach-Kauf-Kontaktpunkte (z.B. Service) und die beeinflussenden Kontaktpunkte, wie etwa Geschäfts- oder Medienberichte.[17]

Integriert kommunizieren bedeutet nun, alle Kommunikationsmaßnahmen derart abzustimmen, dass über alle *touchpoints* hinweg ein einheitlicher Eindruck entsteht, wodurch sich die einzelnen Komponenten in ihrer Wirkung wechselseitig verstärken können.[18] Es lassen sich hierzu zwei Mittel der Integration unterscheiden: Die *formale Integration* und die *inhaltliche Integration*.

Die *formale Integration* hat als primäres Ziel die Verankerung einer Marke in den Wissensstrukturen der Zielgruppe.[19] Präsenzsignale oder die klassischen Corporate-Design Merkmale wie Farben, Formen oder Typographie sind formale Elemente. Diese eignen sich zwar nur sehr begrenzt, um Positionierungsinhalte zu vermitteln, erleichtern jedoch den Zugriff auf eine Marke in den Gedächtnisstrukturen der Zielgruppe.[20] Beispiele für formale Elemente sind das gelbe M oder die Farbe Rot bei McDonald's.

---

[14] vgl. Bruhn (2003), S. 4, zitiert nach Ballhausen & Tallau (2008), S. 48
[15] vgl. Ballhausen & Tallau (2008), S. 49
[16] vgl. Aaker (2001), S. 94, zitiert nach Roth (2005), S. 33
[17] vgl. Davis & Dunn (2002), S. 59, zitiert nach Roth (2005), S. 33
[18] vgl. Kroeber-Riel (1996), S. 300; vgl. Kroeber-Riel & Esch (2000), S. 101, zitiert nach Roth (2005), S. 33
[19] vgl. Esch (2001), S. 73, zitiert nach Roth (2005), S. 34
[20] vgl. Esch (1992), S. 37; vgl. Esch (2003), S. 239, zitiert nach Roth (2005), S. 34

Formale akustische Elemente finden sich beispielsweise bei Pitstop: Am Ende einer jeden Werbemaßnahme hört man das gesungene *„Jo jo jo jo jo'*.[21]

Die *inhaltliche Integration* hingegen vermittelt primär die Positionierungsbotschaft.[22] Sie kann dabei sowohl verbal oder auch nonverbal umgesetzt werden.[23] Es kann außerdem *semantisch integriert* werden, oder man entscheidet sich für eine *Schlüsselbildintegration*.[24] Von einer semantischen Integration spricht man, wenn durch unterschiedliche Reize der immer gleiche Positionierungsinhalt vermittelt wird.[25] Von einer Schlüsselbildintegration spricht man, wenn dieser Positionierungsinhalt von dem immer gleichen Reiz vermittelt wird.[26] Ein gutes Beispiel für die Schlüsselbildintegration ist der reitende Cowboy mit warmen Farben der Zigarettenmarke Marlboro. Ein Beispiel für die Schlüsselbildintegration auf akustischer Ebene, aus dem Schlüsselbild wird dann die Schlüsselmelodie, ist der Song *Sail away* gesungen von *Joe Cocker*, der bereits seit Jahren konstant für die Werbung von Beck's Bier verwendet wird.

Zusammenfassend kann Folgendes festgehalten werden:

- Die Kommunikationspolitik für Marken, verfolgt die Ziele „Schaffung von *Markenbekanntheit*" und „Aufbau, bzw. Anpassung, eines *Markenimage.*"
- Die Ziele der *akustischen Markenführung* korrespondieren mit den Zielen der Kommunikationspolitik für Marken allgemein.
- Die akustische Markenführung kann der sinkenden *Kommunikationseffizienz* zwischen Marke und Konsument durch eine erleichterte Differenzierung, Wiedererkennung, Emotionalisierung und Identifikation von und zwischen Marken entgegenwirken.
- Im Ansatz der *identitätsorientierten Markenführung* wird die Markenpositionierung durch die *Werte* einer Marke determiniert und kommuniziert.

---

[21] Beispiele ähnlich auch bei Roth (2005)
[22] vgl. Esch (2001), S. 71, zitiert nach Roth (2005), S. 34
[23] vgl. ebda.
[24] vgl. Esch (2001), S. 74 ff.; vgl. Kroeber-Riel & Esch (2000), S. 115, 118, zitiert nach Roth (2005), S. 34
[25] vgl. ebda.
[26] vgl. ebda.

- Diese Kommunikation läuft *integriert* ab: Alle Informationen zielen an allen *touchpoints* und über alle *Kommunikationsmaßnahmen* hinweg in dieselbe Richtung.

2 Emotionen

2.1 Grundsätzliches

Zunächst muss hier auf die begriffliche Unterscheidung zwischen Emotionen und Gefühlen hingewiesen werden. Obwohl beide Begriffe im allgemeinen Sprachgebrauch oftmals synonym verwendet werden, unterscheiden sie sich in wesentlichen Punkten. Eine *Emotion* ist eine komplexe psychophysiologische Reaktion auf ein inneres oder äußeres Ereignis. Der Mensch nimmt dabei nicht alle Vorgänge war, erlebt sehr wohl jedoch die Symptome der Emotion, wie beispielsweise einen ansteigenden Blutdruck, oder Schweißausbrüche. Jener Teil dieses Vorgangs, der vom Menschen *erlebt* wird, also jener Teil, der vom Menschen tatsächlich *gefühlt* wird, wird hingegen als das Gefühl verstanden. ROBERT PLUTCHIK & HENRY KELLERMAN (1980) haben zum Beispiel acht Grundgefühle definiert: Trauer, Furcht, Ärger, Freude, Vertrauen, Ekel, Erwartung und Überraschung.[27] Es muss allerdings erwähnt werden, dass sich die Forschung bei der Formulierung einer Anzahl an Grundgefühlen nicht ganz einig ist. Eine Bestandsaufnahme durch JUSLIN (2001) kam zu dem Ergebnis, dass die meisten Studien jedoch zumindest fünf Grundgefühle bestätigen, und zwar Freude, Trauer, Ärger, Furcht und Ekel.[28]

Tatsächliche *Emotionen* sind zuerst vor allem aus der Perspektive der Evolution gesehen worden. Aus evolutionärer Sicht erfüllen sogenannte *primäre Emotionen* die Aufgabe, das Verhalten in entscheidenden Lebenssituationen zu steuern und die entsprechenden Energien bereitzustellen.[29] Ihnen wohnt hierfür ein gewisses Handlungspotential inne: Zunächst wird auf einen Reiz aus der Umwelt mit einer kognitiven Bewertung reagiert - hieraus ergibt sich eine Emotion, die wiederum zu einer Handlung mit einer bestimmten (nicht immer beabsichtigten) Wirkung führt.[30] Ein klassisches Beispiel hierfür ist das spontane Fluchtverhalten beim Klang des Säbelzahntigers im Busch. Emotionen, so ist man sich aus Sicht der Evolution einig, haben daher eine

---

[27] vgl. Plutchik & Kellerman (1980), zitiert nach Rötter (2004), S. 286
[28] vgl. Juslin & Sloboda (2001), vgl. Rötter (2004), S. 287
[29] vgl. Rötter (2004), S. 285
[30] vgl. Plutchik & Kellerman (1980), zitiert nach Rötter (2004), S. 285-287

eindeutige Bedeutung für die *Adaption* und *Selektion*.[31] Für die Erklärung von *ästhetischen Gefühlen* lässt sich diese evolutionäre Perspektive auf die Emotionen jedoch nur schwer heranziehen, da diese ja in den meisten Fällen keine bestimmte Handlung zur direkten Situationsbewältigung nach sich ziehen.[32]

Daher muss vielleicht doch versucht werden, Emotionen in Richtung der Gefühle zu deuten und sie an *Merkmalen des Erlebens* genauer zu definieren: Zunächst sind sie durch denjenigen, der sie erlebt (a) genau beschreibbar, sie (b) besitzen einen klar zu beschreibenden Auslöser und sie (c) werden bewusst erlebt.[33] Entlang dieser drei Merkmale wären Emotionen deshalb von *Stimmungen* wie An- und Entspannung oder Verärgerung, sowie von *Antrieben* wie beispielsweise Hunger abzugrenzen. Darüber hinaus ließen sie sich von *Persönlichkeitsmerkmalen* wie Extraversion oder Aggressivität und *Einstellungen*, wie Toleranz oder Homophobie abgrenzen.[34]

Vielmehr scheint es also angebracht, beim emotionalen Erleben von Musik zunächst von Gefühlen, oder auch *Stimmungen*, zu sprechen und nicht von *konkreten Emotionen*. Stimmungen werden als besondere Form von Gefühlen bezeichnet und als eher diffuse affektive Zustände definiert, die sich meist durch eine Veränderung im subjektiven Gefühl mit geringer Intensität aber relativ langer Dauer, oft ohne offensichtlichen Auslöser und damit beständig über Begegnungen mit verschiedenen stimulierenden Ereignissen, ausdrücken.[35]

Der sinnvollste Vorschlag, die Problematik der begrifflichen Unterscheidung von Emotion und Gefühl im Falle musikevozierter Emotionen aufzulösen ist jedoch der, sich von den Begrifflichkeiten selbst zu lösen. Die Forschung ist heute ohnehin im Begriff, sich auf dem Gebiet der Emotionen von den klassischen Modellvorstellungen zu befreien und von sogenannten *emotionalen Episoden* zu sprechen, bei denen sowohl affektive Präferenzen, als auch konkrete Emotionen (mit allen psychophysiologischen Vorgängen), Stimmungen, zwischenmenschliche Gefühle, Haltungen und personale

---

[31] vgl. Rötter (2004), S. 285
[32] vgl. Plutchik & Kellerman (1980), zitiert nach Rötter (2004), S. 291/292
[33] vgl. Rötter (2004), S. 285
[34] vgl. Konečni (2002), zitiert nach Rötter (2004), S. 285
[35] vgl. Scherer & Zentner (2001), S. 383

Befindlichkeiten kooperativ eine Rolle spielen.[36] Auch die Autoren SCHERER & ZENTNER (2001) merken in diesem Zusammenhang an, dass es schwierig werden wird, auf diesem Feld Fortschritte zu machen, solange Forscher an der Vermutung festhalten, dass echte intensive Emotionen traditionelle Basisemotionen sein müssen, wie Angst oder Wut, für die man zum Beispiel recht geradlinig Verhaltenstendenzen identifizieren kann.[37] Um diese Phänomene richtig studieren zu können, müssen wir uns also von der Neigung, traditionelle Beschreibungen auf emotionale Prozesse anwenden zu wollen, befreien: Der angesprochene Begriff der emotionalen Episoden scheint hier ein guter Ansatz zu sein. Ein solcher Begriff von Emotion umfasst das emotionale Erleben von Musik ganzheitlicher als die Abgrenzung von Gefühlen und Stimmungen zu konkreten Emotionen.

Unter affektiven Präferenzen versteht man Vorlieben, die emotional verankert sind und zu Verhaltensimpulsen zur Erfüllung von Wünschen und Befriedigung von, meist unbewussten, emotionalen Bedürfnissen führen (‚Das hätte ich jetzt gern'). Sie bilden zusammen mit konkreten Emotionen (als gesamtorganismischer psychophysiologischer Vorgang), Stimmungen (wie z.B. *Melancholie*), zwischenmenschlichen Gefühlen (‚*So finde ich dich, so stehe ich zu dir*'), Haltungen (‚*Das ist meine Auffassung von etwas, meine Haltung gegenüber etwas*') und personalen Befindlichkeiten (‚*So geht's mir*') ein sechs-dimensionales Modell emotionaler Episoden, das der Vielschichtigkeit des emotionalen Erlebens von Musik gerecht werden kann.

Zusammenfassend kann Folgendes festgehalten werden:

- o Eine Emotion ist ein komplexer psychophysiologischer Vorgang, ein Gefühl hingegen ist der Teil der Emotion, der in der menschlichen Wahrnehmung ankommt.
- o Die meisten Studien erkennen fünf *Grundgefühle* an: Freude, Trauer, Ärger, Furcht und Ekel.

---

[36] vgl. Rötter (2004), S. 309, vgl. Scherer & Zentner (2001)
[37] vgl. Scherer & Zentner (2001), S. 383

- Aus *evolutionärer Sicht* folgen primäre Emotionen der Aufgabe, das Verhalten in entscheidenden Lebenssituationen zu steuern und die entsprechenden Energien bereitzustellen.[38]
- Da dieser Ansatz zur Erklärung ästhetischer Gefühle inadäquat ist, können Emotionen entlang *Merkmalen des Erlebens* genauer definieret werden. Hierbei lassen sich klassischerweise *Gefühle* und *Stimmungen* von *konkreten Emotionen* unterscheiden.
- Angebracht für eine adäquate Betrachtung musikästhetischen Erlebens scheint jedoch die Befreiung von klassischen Modellvorstellungen zur Emotion zu sein. Die Komplexität und Vielschichtigkeit emotionalen Erlebens wird eher im Begriff der *emotionalen Episoden* repräsentiert.

2.2 Emotionales Erleben

Man unterscheidet grundsätzlich zwischen dem *Empfinden* von Emotionen und der *Erzeugung* (Evokation) von Emotionen. Diese Unterscheidung schließt an die Unterscheidung zwischen dem *Kognitivismus* und dem *Emotivismus* an.[39] Während die *Emotivisten* behaupten, dass Musik echte emotionale Reaktionen beim Zuhörer hervorruft, beharren *Kognitivisten* darauf, dass Musik Emotionen schlicht ausdrückt oder repräsentiert.[40]

Es bietet sich an dieser Stelle an, den Begriff der *Anmutung*, oder der *physiognomischen Qualität* - wie vom Entwicklungspsychologen HEINZ WERNER (1926) bezeichnet – einzuführen. Unter besagtem Begriff versteht WERNER (1926) eine empfundene gefühlsmäßige Kundgabe, wie beispielsweise *als drohend, abschreckend, freundlich* usw., die an Erscheinungen der Umgebung haftet.[41] Im Verlauf der Entwicklung findet hier eine Distanzierung statt. Im Falle des musikalischen Ausdrucks bedeutet dies, dass dieser jetzt als Objektqualität wahrgenommen werden kann.[42] Der Hörer kann eine

---

[38] vgl. Rötter (2004), S. 285
[39] vgl. z.B. Kivy (1989)
[40] vgl. Scherer & Zentner (2001), S. 361
[41] vgl. Werner (1926), zitiert nach De la Motte-Haber (2004), S. 426
[42] vgl. Rötter (2004), S. 295

bestimmte Emotion dem Stück *zuschreiben* und Feststellungen wie *‚Das Musikstück ist traurig, aber es macht mich nicht traurig'* treffen. Ab einem gewissen Entwicklungsstadium verfügt der Hörer dann über beide Möglichkeiten: Er kann einen emotionalen Ausdruck als *Anmutung* oder als *Objektqualität* empfinden.[43] Welche der beiden Möglichkeiten wirkt, variiert und hängt sowohl von der jeweiligen Hörsituation, als auch von der präferierten Hörweise des Hörers ab.[44]

Problematisch wird dieser Zusammenhang allerdings dann, wenn versucht wird, empirisch valide zwischen Objektqualität und tatsächlich empfundener Emotion zu unterscheiden. Obwohl es als bewiesen gilt, dass Hörer bestimmten Typen von Musik konsequent spezifische Emotionen *zuordnen*, ist es sehr viel schwieriger, überzeugende Beweise dafür zu finden, dass Musik tatsächlich Emotionen *erzeugen* kann.[45] Besonders in Studien, in denen Versuchspersonen ausdrücklich gebeten werden, zu berichten was sie in Reaktion auf eine bestimmte Musik fühlen, ist die Frage der Verwechslung von *Wahrnehmung* und *Induktion* von Gefühlen besonders wichtig.[46] MEYER (1956) stellt hierzu fest:

> „It may well be that when a listener reports that he felt this or that emotion, he is describing the emotion which he believes the passage is supposed to indicate, not anything which he himself has experienced."[47,48]

Die Unterscheidung zwischen der *Wahrnehmung* und der *Erzeugung* von Emotionen ist empirisch valide und das Einbeziehen dieser Unterscheidung ist essentiell wenn es darum geht, Versuchspersonen anzuleiten, ihre emotionale Reaktion zu Musik zu beschreiben.[49] Solche Beurteilungen evozierter Emotionen über Selbstberichte werden typischerweise in sogenannten Stimmungsinduktionsstudien (*mood induction studies*)

---

[43] vgl. Rötter (2004), S. 295
[44] vgl. ebda.
[45] vgl. Scherer & Zentner (2001), S. 372
[46] vgl. ebda.
[47] vgl. Meyer (1956), S. 8, zitiert nach Scherer & Zentner (2001)

[48] „Es kann gut sein, dass, wenn ein Zuhörer berichtet, dass er diese oder jene Emotion erlebte, er jenes Gefühl beschreibt, von dem er glaubt, dass es durch diese Passage ausgedrückt werden soll, anstatt irgendetwas, was er selbst erlebt hat." Meyer (1956), S.8 – Sinngem. Übersetzg. d. Verf.

[49] vgl. Scherer & Zentner (2001), S. 380

gefunden.[50] Ziel solcher Studien ist es in der Regel, die Effekte verschiedener affektiver Zustände, Stimmungen und Emotionen auf kognitive und evaluative Prozesse, Gedächtnis, Verhalten und Physiologie zu untersuchen.[51] Eine solche *instrumentelle* Verwendung von Musik im Sinne einer Emotions- oder Stimmungsmanipulation nahm in den letzten Jahren rapide zu, wodurch Musik zu einem der am häufigsten verwendeten Techniken der Stimmungsinduktion innerhalb der Psychologie wurde.[52]

Die meisten dieser Studien verwendeten ein verbales Rückmeldeverfahren, was bedeutet, dass die Hörer zurückmelden, dass sie als Konsequenz aus dem Hören eines bestimmten Stückes Musik, tatsächlich eine bestimmte Emotion (aus subjektiver Sicht ein bestimmtes Gefühl) oder affektiven Gefühlsstatus erfahren haben.[53] Die Verwendung von Selbstberichten bleibt bislang die einzige Methode, die einen Zugang zur subjektiven emotionalen Erfahrung erlaubt.[54] Deswegen kann sie momentan nicht durch irgendeine andere Methode ersetzt, sehr wohl jedoch ergänzt, werden. Verbale Rückmeldeverfahren sind hinsichtlich der Interpretation der Daten in mehrerlei Hinsicht problematisch, da sie folgenden Verzerrungen gegenüber recht empfindlich reagieren: Zunächst einmal können Anforderungsmerkmale für die gefundenen Stimmungseffekte verantwortlich sein.[55] Also die Frage im Bewusstsein des Probanden *'Was wird von mir erwartet?'*. Überdies können Hörer die Emotion, die in der Musik *dargestellt* wird mit der Emotionen verwechseln, die sie tatsächlich *erfahren* (Verwechslung von Wahrnehmung und Erzeugung), außer sie werden ausdrücklich gebeten, die beiden Emotionsmodalitäten zu unterscheiden.[56] Die Arbeit mit den Adjektivlisten versucht außerdem, die möglicherweise sehr nuancenreich erlebten Emotionen in ein verhältnismäßig grobes sprachliches Raster zu pressen. Als letzter Kritikpunkt an dieser Methode muss noch erwähnt werden, dass solche Verfahren in der Regel eine

---

[50] vgl. Scherer & Zentner (2001), S. 379
[51] vgl. ebda.
[52] vgl. Scherer & Zentner (2001), S. 379; Ein Überblick von Studien zur Stimmungsinduktion findet sich bei Westermann et al. (1996).
[53] vgl. Bruner (1990)
[54] vgl. Scherer & Zentner (2001), S. 379
[55] vgl. ebda.
[56] vgl. ebda.; Eine Studie, welche die Hörer anleitet, Emotionsmodalitäten zu unterscheidet findet sich bei Zentner et al. (2000).

Art emotionalen Durchschnitt über den Zeitverlauf des Stückes beschreiben, gerade die dynamischen Veränderungen im emotionalen Erleben sind jedoch die charakteristischen Eigenschaften des Musikhören.[57] Um Selbstberichte also als Indikatoren für Stimmungseffekte von Musik verwenden zu können, müssen sie gegen andere Kriterien validiert oder experimentell kontrolliert werden.[58]

Man kann den Gefühlszustand von Versuchspersonen in Studien jedoch auch feststellen, ohne dass sie direkt befragt werden müssen: In einer Studie von BROWN & MANKOWSKI (1993) wurde Stimmungsinduktion durch Musik benutzt, um positiven, negativen oder neutralen Affekt zu induzieren. Danach evaluierten die Hörer ihre eigenen spezifischen Qualitäten und Merkmale (‚Wie klug bist Du?', ‚Wie nett bist Du?'). Es wurde herausgefunden, dass die Versuchspersonen sich selbst vorteilhafter einschätzten, nachdem sie, im Vergleich zu trauriger Musik, fröhliche Musik gehört haben.[59] Interessanterweise wurde dieser Effekt bei Versuchspersonen mit geringerem Selbstbewusstsein stärker beobachtet, was die Vermutung zulässt, dass diese Gruppe für Stimmungsmanipulationen eher zugänglich ist.[60]

Um die Merkmale des emotionalen Erlebens also genauer fassen zu können, bietet es sich - wie oben bereits angedeutet - an, Emotionen als Phänomene zu verstehen, die aus einzelnen Komponenten bestehen, die zusammenwirken. Betrachtet man demnach nichtmehr nur den Bereich der *konkreten Emotionen*, sondern bezieht sich auf ein allgemeines emotionales episodisches Erleben, kann man in Anlehnung an die Autoren SCHERER & ZENTNER (2001) als einzelne Komponenten die *physiologische Erregung*, *motorisch expressives Verhalten*, *subjektives Befinden*, sowie möglicherweise eine *motivationale* und eine *kognitive* Komponente bestimmen, die sich wechselseitig beeinflussen.[61] Im folgenden Kapitel wird unter Anderem auf diese Komponenten eingegangen werden, indem betrachtet werden wird, wie sie als psychophysiologische

---

[57] vgl. Rötter (2004), S. 281
[58] vgl. Scherer & Zentner (2001), S. 379
[59] vgl. ebda., S. 380
[60] vgl. ebda.
[61] vgl. ebda., S. 373

Vorgänge innerhalb unserer Reiz- und Informationsverarbeitung hervorgerufen werden.

Zusammenfassend kann Folgendes festgehalten werden:

- Vertreter des *Emotivismus* behaupten, dass Musik echte emotionale Reaktionen beim Zuhörer auslöst. *Kognitivisten* hingegen beharren darauf, Musik würde Emotion schlicht ausdrücken oder repräsentieren.
- An diese Unterscheidung knüpft HEINZ WERNER (1926) mit seiner Überlegung zur *physiognomischen Qualität* an.
- Diese Unterscheidung, sowie die Verwendung eines *verbalen Rückmeldeverfahrens*, sind in Studiendesigns zu Musik und Emotion in vielfacher Hinsicht problematisch.
- Ein allgemeines emotionales episodisches Erleben setzt sich in Anlehnung an die Autoren SCHERER & ZENTNER (2001) aus den Einzelkomponenten *physiologische Erregung, motorisch expressives Verhalten, subjektives Befinden*, sowie möglicherweise einer *motivationalen* und einer *kognitiven* Komponente zusammen.

3 Informationsverarbeitung

3.1 Einfluss von Musik auf das autonome Nervensystem

Die Vorstellung, dass Musik das *autonome Nervensystem* (ANS, auch *periphereres* oder *vegetatives Nervensystem*) sowohl in einer erregenden, als auch in einer beruhigenden Weise beeinflussen kann ist bereits sehr alt und geht mindestens bis zur griechischen Philosophie zurück.[62] Die ernsthafte wissenschaftliche Auseinandersetzung darüber begann, sobald die ersten Instrumente für physiologische Messungen verfügbar wurden - von dort an wurde sie während der letzten 120 Jahre fortgeführt.[63] BARTLETT (1996) hat eine Übersicht zu dieser Periode veröffentlicht.

In einer Forschungsstudie hat KRUMHANSL (1997) beispielsweise versucht, die Behauptung, Musik hätte einen direkten Einfluss auf das ANS, zu untersuchen. Sie hat hierfür 38 Berkeley Studenten sechs Ausschnitte aus Stücken klassischer Musik präsentiert, welche generell die Erwartung erfüllen, einen bestimmten emotionalen Zustand zu induzieren.[64] Diese Stücke wurden von einer anderen Gruppe dahingehend ausgesucht und bewertet, die Gefühle von *Traurigkeit*, *Furcht*, *Glück* oder *Anspannung* auszudrücken. Die Ergebnisse stützten die generelle Annahme, dass Musik tatsächlich einen Effekt auf das ANS hat: Während der Hörphasen hatten viele der physiologischen Parameter signifikant unterschiedliche Werte als während der Ruhephasen.[65] Allerdings lässt sich nur schwer beweisen, gesamte physiologische Reaktionsmuster, die als prototypisch für fundamentale Emotionen betrachtet werden können, gefunden zu haben.[66] Für eine ansteigende allgemeine Aktivierung ist die Veränderung bestimmter körperlicher Funktionen jedoch als typisch bewiesen worden: Die Erhöhung der Herz- und Atemfrequenz, die Erhöhung des phasischen elektrischen Hautwiderstandes, erhöhter Muskeltonus und ein Ansteigen der Hauttemperatur sind für gewöhnlich zu messen. Ursächlich hierfür ist der *sympathische* Teil des *autonomen Nervensystems*,

---

[62] vgl. Bartlett (1996), zitiert nach Rötter (2004), S. 273, vgl. Scherer & Zentner (2001), S. 374
[63] vgl. Bartlett (1996), zitiert nach Scherer & Zentner (2001), S. 374
[64] vgl. Scherer & Zentner (2001), S. 375
[65] vgl. ebda.
[66] vgl. ebda.

der Informationen über die Bedeutsamkeit der einströmenden Umweltreize aus der frontalen Hirnrinde und dem limbischen System verarbeitet. Wie diese Vorgänge funktionieren, soll im Folgenden skizziert werden.

3.1.1 Physiologische Erregung/Aktivierung

In einem ersten Schritt wird hierzu das sogenannte *aufsteigende retikuläre Aktivierungssystem* (ARAS) vorgestellt. Dieses ist eine neuronale Struktur, die sich im Bereich des Mittelhirns befindet. Über sogenannte *afferente Bahnen* (von lat. *affere*: hintragen, zuführen) erhält es Informationen von den Sinnesorganen. Außerdem erhält es über *efferente Bahnen* (von lat. *effere*: hinaustragen, hinausführen) Informationen zu Befehlen aus anderen Gehirnregionen, wie beispielsweise Informationen über Muskelaktivitäten. Das aufsteigende Aktivierungssystem hat zudem eine Verbindung zu höher gelegenen Hirnregionen, wie zum Beispiel dem *Thalamus*, der als Filter funktioniert und die Bedeutsamkeit der Informationen für den Organismus bestimmt.[67]

Die Impulse des ARAS gehen im *Thalamus* nun in den sogenannten *Nucleus reticularis*, dem eine besondere Rolle bei der Regulierung von gerichteter Aufmerksamkeit zukommt. Dieser kann einzelne Kerne, oder aber auch den gesamten *Thalamus*, erregen. Sind die Erregungen spezifisch, folgen daraus selektive Aufmerksamkeitsprozesse (*gating*). Handelt es sich um unspezifische Erregungen, gehen diese mit einer allgemeinen Aktivierung (engl. *activation* oder *arousal*) einher.[68]

Dem *Thalamus* ist es von hier aus möglich, mit seinen Verbindungen Einfluss auf die *Hirnrinde (Cortex)* zu nehmen, wo komplexe auditorische Wahrnehmungsvorgänge verordnet sind. Außerdem ist der Cortex für die Regulierung von Impulsen und Emotionen zuständig. Gleichzeitig wird deshalb ein Hemmungsmechanismus aktiv, der vom Cortex ausgeht und die Aktivität des Thalamus dämpft, damit eine Überregung verhindert wird. Diese Selbstregulierung hat ihren Sinn darin, dass sich eine optimale

---

[67] vgl. Rötter (2004), S. 269
[68] vgl. ebda., S. 270

Leistung bei mittlerer Aktivierung feststellen lässt. Ist die Aktivierung zu hoch oder zu niedrig, sinkt die Leistungsfähigkeit.[69]

Im Kapitel über Emotionen wurde es bereits angesprochen: Eine Emotion ist die Reaktion auf eine Wahrnehmung. Durch die Wahrnehmung innerer und auch äußerer Ereignisse werden hier also neutrale Impulse ausgelöst, welche die oben beschriebenen Vorgänge in *Formatio reticularis*, *Thalamus* und *Cortex* bewirken. Im Großhirn führt dies zu EEG Strukturen mit kleinen Amplituden und hoher Frequenz als Indikator für organismische Erregung.[70] Bilden sich EEG Strukturen mit großen Amplituden und geringer Frequenz, wird der *Thalamus* direkt beeinflusst und es entsteht Entspannung.[71] Bis heute wurde dieses Konzept erheblich verfeinert und durch neue Erkenntnisse über das limbische System weiter differenziert.[72]

Der Zusammenhang von Aktivierung und Leistungsoptimum lässt sich für ein Beispiel mit Musik anhand einer sehr umfangreichen Versuchserie zum Thema Musik und Verkehrssicherheit aufzeigen, die Mitte der 80er Jahre in Berlin gestartet wurde.[73] In einem Fahrsimulator wurde dort überprüft, ob sich ein Zusammenhang zwischen Musikhören und der Unfallwahrscheinlichkeit feststellen lässt. Bei leichten Strecken war das Ergebnis, dass Musikhören beim Fahren die Reaktionszeit verbessert – handelte es sich jedoch um eine schwierigere Strecke, stieg die Unfallhäufigkeit drastisch an.[74] Musik, so die Erklärung, kann die nötige Stimulation liefern, um eine optimale Aktivierung zu erhalten, wenn bei einer einfachen Strecke in Folge von Reizarmut das optimale Leistungsniveau noch nicht erreicht ist. Handelt es sich jedoch um eine schwierige Strecke, stellt der Organismus selbst bereits das nötige Aktivierungsniveau zum optimalen Bewältigen der Strecke bereit. Wird das Aktivierungssystem des Organismus nun mit Musik überaktiviert, folgt eine geringere Leistung und somit eine höhere Unfallgefahr. Die Unfallgefahr sank wiederum bei jenen Probanden,

---

[69] vgl. ebda.
[70] vgl. De la Motte-Haber (1985), S. 216
[71] vgl. De la Motte-Haber (1985), S. 216
[72] vgl. ebda., S. 216/217
[73] vgl. De la Motte-Haber et. al. (1990), zitiert nach Rötter (2004), S. 312
[74] vgl. ebda., S. 313

die beim Erklingen der Musik die Geschwindigkeit drosselten und somit die Situation wieder übersichtlicher gestalteten.[75]

Musik kann also nicht nur aktivierend wirken, sondern auch entspannend. Sie kann eingesetzt werden, um die Stimmung zu verändern (*Kontrasteffekt*), oder zu stützen (*Kongruenzeffekt*).[76] Dies kann auch bei der subjektiven Wahl von energetischer, beziehungsweise beruhigender Musik, je nach momentanem persönlichem Verlangen, beim alltäglichen Musikhören beobachtet werden. Zu diesen Beobachtungen ist das grundlegende Modell von HEINER GEMBRIS (1985) interessant, welches die drei Dimensionen Aktivierung, Lust/Unlust und Zeit berücksichtigt.[77] Bei einer anfänglich hohen Aktivierung und Anspannung ist der Organismus zunächst nicht für langsame (*trophotrope*) Musik zugänglich. Diese Energie kann mit schneller Musik abgebaut werden, indem sie zum Einen die Aufmerksamkeit auf sich lenkt und zum Anderen mit einem positiven Gefühlsausdruck der unspezifischen Aktivierung eine positive Tendenz gibt. Hierdurch verändert sich das Erleben in Richtung eines angenehmen Empfindens. Da die Aktivierung den motorischen Impulsen nachgibt, steigen Aktivierung und Anspannung zunächst an – werden durch den als angenehm erlebten motorischen Mitvollzug der Musik aber anschließend immer mehr abgebaut. Der Hörer wird nun Musik wählen, die seiner abgebauten Energie eher entspricht: langsamere Musik, wodurch die Spannung noch weiter abgebaut wird.[78]

Unter den bereits erwähnten physiologischen Symptomen von Aktivierung, der Erhöhung der Herz- und Atemfrequenz, einem erhöhten Muskeltonus und dem Ansteigen der Hauttemperatur, ist vor allem die Messung des *elektrischen Hautwiderstandes* immer wieder in Studien zum Einsatz gekommen, da er ein sehr empfindlicher Indikator für Aktivierung darstellt.[79] Um über diese Methode Daten erheben zu können, wird ein wenige Mikroampere starker Strom durch die Haut der Finger geleitet. Dabei wird zwischen dem *tonischen* (engl. *Skin Resistance Level, SRL*) und dem

---

[75] vgl. ebda.
[76] vgl. Bruhn (2009), S. 21
[77] vgl. Gembris (1985), zitiert nach Rötter (2004)
[78] vgl. Rötter (2004), S. 277
[79] vgl. ebda., S. 275

phasischen Hautwiderstand (engl. *Skin Resistance Response, SRR*) unterschieden. Letzterer erhöht sich bei einzeln dargebotenen Reizen, je nach aktivierender Bedeutung – der tonische Hautwiderstand hingegen dient als Indikator für Entspannung: Mit zunehmender Entspannung sinkt sein Wert.

Der Organismus reagiert hierbei jedoch nicht zwangsläufig konsistent: Im *Hippocampus* soll es sogenannte *Neuheitsdetektoren* geben, die den Organismus dazu veranlassen Reize, die sich zunehmend wiederholen und ohne bestimmte Folgen bleiben, mit immer geringerer Aktivierung zu entgegnen.[80] Das Phänomen ist in der Verhaltensbiologie unter dem Begriff der *Habituation* gefasst.

3.1.1.1 Aktivierung und Entspannung als Verstehensmodell für Emotionen

Wie bereits angesprochen, wurden Emotionen aus evolutionärer Sicht zunächst vor allem als etwas verstanden, das in entscheidenden Lebenssituationen Energien bereitstellt.[81] Vor diesem Hintergrund kann man eindimensionale Modelle entwickeln, welche Emotionen in Abhängigkeit von physiologischer Aktivierung betrachten. BARTLETT (1996) hat hierzu eine Zusammenstellung von Studienergebnissen erarbeitet. Die große Mehrheit der Studien, die von BARTLETT besprochen werden, hat sich auf die Frage von *Erregung* versus *Entspannung* als emotionale Effekte von Musik konzentriert.[82] Vergegenwärtigt man sich die Zeit, in der die meisten dieser Studien durchgeführt wurden, läuft dieser Ansatz ganz kongruent mit der dominierenden Auffassung von Emotionen in der Blütezeit des Behaviorismus der Psychologie.[83] Diese Auffassung definiert Emotionen als Zustände des Organismus, die durch verschiedene Abstufungen von psychophysiologischer *Erregung* oder *Aktivierung* gekennzeichnet sind.[84]

Die These, dass körperliche Erregung das eigentliche emotionale Erleben und nicht die Folge einer emotionalen Reaktion im Organismus ist, wurde bereits über einhundert

---

[80] vgl. Rötter (2004), S. 271
[81] vgl. ebda., S. 285
[82] vgl. Bartlett (1996), zitiert nach Scherer & Zentner (2001), S. 374
[83] vgl. Scherer & Zentner (2001), S. 374
[84] vgl. Duffy (1941), zitiert nach Scherer & Zentner (2001), S. 374

Jahre vorher, zuerst nämlich 1890 von WILLIAM JAMES, aufgestellt, womit er die eigentliche Emotionsforschung in Gang setzte.[85] Er war jedoch nicht der einzige, der diese Auffassung vertrat: KARL LANGE (1910) entwickelte eine Theorie mit der gleichen Grundauffassung, nämlich körperliche Veränderungen als ursächliche Komponente einer Emotion. Beide Theorien wurden unabhängig voneinander entwickelt und später unter dem Begriff *James-Lange-Theorie der Emotion* zusammengefasst.[86]

Die James-Lange Theorie wurde jedoch relativ schnell beanstandet. WALTER B. CANNON (1975) führte Tierversuche mit Katzen durch und formulierte eine Kritik an der Gültigkeit der Theorie von James-Lange. Er stellte deshalb seine eigene Emotionstheorie auf, nach der im Thalamus bestimmte Emotionsmuster abgespeichert sind, die dann von der Großhirnrinde unter bestimmten Umständen aktiviert werden können.[87] Zwar sollte auch diese Emotionstheorie bald revidiert werden, allerdings wurde nun die Suche nach einem spezifischen Emotionszentrum im Gehirn initiiert. Durch den Neurologen JAMES W. PAPEZ wurde bereits 1937 eine Struktur entdeckt, die als *Papezscher Neuronenkreis* bekannt wurde – dieser Bereich wurde später unter anderen von MACLEAN (1985) genauer erforscht und ist heute als das limbische System bekannt.[88]

Der amerikanische Psychologe GEORGE MANDLER (1979) schrieb der psychophysiologischen Aktivierung ebenfalls eine wichtige Rolle in seiner Theorie zur Emotion zu. In seiner Theorie wird das autonome Nervensystem durch die Unterbrechung von Handlungsabläufen aktiviert – die *Stärke* der Emotion wird dabei durch das Ausmaß der Aktivierung bestimmt, die *Qualität* jedoch durch die kognitive Bewertung der Unterbrechung.[89] Diese Theorie lässt sich sehr gut auf musikalische Phänomene anwenden. Ein Handlungsablauf muss dann als ein interner Prozess verstanden werden, i.e. das ständige Vorwegnehmen der musikalischen Struktur beim Hören von Musik.[90] Ein unerwartetes musikalisches Ereignis ist eine Unterbrechung dieses

---

[85] vgl. James (1890), zitiert nach Rötter (2004), S. 287
[86] vgl. Lange (1910), zitiert nach Rötter (2004), S. 287/288
[87] vgl. Cannon (1975), zitiert nach Rötter (2004), S. 288/289
[88] vgl. Papez (1937), vgl. MacLean (1985), zitiert nach Rötter (2004), S. 289
[89] vgl. Mandler (1979), zitiert nach Rötter (2004), S. 293
[90] vgl. Rötter (2004), S. 293

Ereignisses, vollkommene Antizipierbarkeit hingegen resultiert in unterbrechungslosen Strukturen, woraus Langeweile entsteht.[91]

Nach dieser theoretischen Fundierung sollen nun im anschließenden Kapitel einige ausgewählte Studienergebnisse zur Verbindung von physiologischer Aktivierung, Musik und Emotion kurz vorgestellt werden.

3.1.1.2 Ausgewählte Forschungsergebnisse zu Aktivierung, Musik und Emotion

Durch die Autoren WITVLIET & VRANA (1996, WITVLIET et al. 1998) wurde ein Zusammenhang zwischen *Aktivierung* und *Valenz* gefunden.[92] Neben den Effekten von Musik auf den Hautwiderstand und die Herzschlagrate als Indikatoren für psychophysiologische Aktivierung, wurden auch elektromyographische Daten erhoben. Solche Methoden können kleinste Veränderungen des *musculus zygomaticus*, verantwortlich für das Lächeln, des *musculus currogator supercilii*, verantwortlich für Stirnrunzeln, und des *musculus orbicularis oris*, verantwortlich für die Stellung der Mundwinkel, im Gesicht messen. Die Musikexzerpte wurden hinsichtlich ihrer Wirkung auf der Erregungs- und Wertigkeitsdimension vorausgewählt. Wie vermutet ergab sich eine erhöhte Aktivität des *currogator* (verantwortlich für Stirnrunzeln), als Musik mit negativer Wertigkeit gehört wurde und eine erhöhte Aktivität des *zygomaticus* (verantwortlich für Lächeln) für Musik mit positiver Wertigkeit - insbesondere dann, wenn sie mit hoher Erregung verbunden wurde.[93] Diese Ergebnisse wurden in einer neueren Studie durch LUNDQVIST et al. (2000) bestätigt.[94] PATRICK GOMEZ und BRIGITTA DANUSER (2004) fanden in diesem Zusammenhang heraus, dass sich die Atemfrequenz umso stärker erhöhte, desto größer das Gefallen an einem Musikstück war.[95]

HARRY PORTER WELD (1912) stellte eine Veränderung der Atemfrequenz, sowie der Herztätigkeit und der Durchblutung fest und beobachtete einen direkten Zusammen-

---

[91] vgl. Mandler (1979), zitiert nach Rötter (2004), S. 293
[92] vgl. Witvliet & Vrana (1996), Witvliet et al. (1998), zitiert nach Scherer & Zentner (2001), S. 376
[93] vgl. ebda.
[94] vgl. Lundqvist et al. (2000), zitiert nach Koelsch (2011)
[95] vgl. Gomez & Danuser (2004), zitiert nach Rötter (2004)

hang dieser veränderten Parameter und der Stärke der subjektiv erlebten *Intensität*.[96] Neuere Studien, die mit bildgebenden Verfahren arbeiten, beschäftigten sich ebenfalls mit dem intensiven Erleben von Musik. Als besonders aufschlussreich, auch für die musiktherapeutische Anwendung, hat sich hier die sogenannte *Gänsehautstudie* von BLOOD & ZATORRE (2001) herausgestellt, die das Phänomen musikevozierter Gänsehauterlebnisse untersucht hat.[97]

DOUGLAS S. ELLIS & GILBERT BRIGHOUS (1954) maßen einen Zusammenhang zwischen der *Atemfrequenz* und *rhythmischer Akzentuierung* – Sie stellten fest: Umso stärker und lauter die rhythmische Akzentuierung, desto stärker fällt die Erhöhung der Atemfrequenz aus.[98] Doch auch Musiker wurden untersucht: GERHARD HARRER (1982) stellte eine eindrucksvolle Fallstudie über die Veränderung der *Pulsfrequenz* am Beispiel des Dirigenten Herbert von Karajan an. Er maß Pulsfrequenzwerte, zum Einen beim Dirigieren der Leonoren-Ouvertüre von Ludwig van Beethoven und zum Anderen beim fliegen eines riskanten Flugmanövers mit seinem Privatjet. Bei bestimmten Passagen zeigten die Werte eine deutlichere Ausprägung als beim Flugmanöver.[99]

In einer Studie von GUNTER KREUTZ (2002) wurde der Zusammenhang von 14 verschiedenen Herz-Kreislauf-Parametern und *fröhlicher* beziehungsweise *trauriger Musik* untersucht. Sowohl bei trauriger, als auch bei fröhlicher Musik kam es zu deutlichen physiologischen Veränderungen gegenüber einer Ruhebedingung. Die ausgedrückte Emotion spielte jedoch keine Rolle.[100]

3.1.2 Musik und Aufmerksamkeit

Aktivierung bedarf grundsätzlich immer auch eines bestimmten Maßes an Aufmerksamkeit. Von der Neurophysiologie werden hierbei zwei Aufmerksamkeitsprozesse unterschieden: Die *automatisierte Aufmerksamkeit* funktioniert derart, dass ein Reiz aus dem Kurzzeitspeicher (Brüllen des Säbelzahntigers) mit dem Langzeitspeicher

---

[96] vgl. Weld (1912), zitiert nach Rötter (2004), S. 274
[97] vgl. Blood & Zatorre (2001), zitiert nach Koelsch (2011)
[98] vgl. Ellis & Brighou (1954), zitiert nach Rötter (2004), S. 273
[99] vgl. Harrer (1982), zitiert nach Rötter (2004), S. 274/275,
[100] vgl. Kreutz et al. (2002), zitiert nach Rötter (2004), S. 275

verglichen wird und somit ein bereits eingeübtes Verhaltensmuster (Flucht) aktiviert wird.[101] Liegt eine *uneindeutige* Reizsituation vor, setzt die *kontrollierte Aufmerksamkeit* ein – ihr liegt ein *bewusstes* Erleben zugrunde.[102]

Gerade Werbeaussagen benötigen für ihre Kommunikation die Aufmerksamkeit des Hörers, da sie vom Verbraucher schlicht gelernt werden.[103] Eine immer wiederkehrende Frage ist dabei, ob es so etwas wie eine *unterschwellige Wahrnehmung* gibt. Neuere Studien verneinen dies mit der Begründung, dass jede Wahrnehmung, die irgendeine Wirkung zeigt, nicht unterschwellig sein kann.[104]

Ein Bereich der akustischen Markenführung, der die volle Zuwendung des Hörers von vorne herein ausschließt ist der Bereich der *Hintergrundmusik*. Die Grundregel bei der Verwendung von Hintergrundmusik lautet, dass die kognitive Beteiligung möglichst gering, der affektive Einbezug jedoch gewährleistet sein muss.[105] Musik im Hintergrund hat die Aufgabe, bestimmte Stimmungen zu vermitteln und die Einstellung gegenüber dem Produkt zu verbessern – dafür ist es unbedingt notwendig, dass sie unbewusst, also ohne die Aufmerksamkeit auf sich zu ziehen, wahrgenommen wird, um nicht von der eigentlichen Werbebotschaft abzulenken.[106]

Solche affektiven Effekte durch Hintergrundmusik werden im Bereich des sogenannten *Instore-Marketing* (direkt am Ort der Produktpräsentation in Geschäften) gerne gezielt eingesetzt. Der Wirkungsgrad orientiert sich dabei interessanterweise auch an der geschenkten Aufmerksamkeit. In einer Untersuchung durch CHARLES A. ARENI & DAVID KIM (1993) wurde die Wirkung bestimmter Genres als Musik im Hintergrund auf das Auswahlverhalten beim Kauf von Wein getestet. Im Vergleich zwischen Top-40 Musik und klassischer Musik (in weitreichender Bedeutung des Begriffs) fanden sie heraus,

---

[101] vgl. Rötter (2004), S. 272
[102] vgl. Rötter (2004), S. 272
[103] vgl. De la Motte-Haber (1985), S. 244
[104] vgl. ebda., S. 240
[105] vgl. ebda., S. 216
[106] vgl. Raffaseder (2009), S. 108

dass die gekaufte Menge zwar dieselbe war – bei klassischer Musik im Hintergrund wurde jedoch zu teureren Weinen gegriffen.[107]

In einer weiteren Studie, die ähnliche Effekte am sogenannten POS (*Point of Sale*) untersuchte, wurde durch ADRIAN C. NORTH et al. (1997) ein deutlicher Effekt auf die Auswahl, ebenfalls bei Wein, festgestellt: Französischer Wein wurde deutlich mehr verkauft, als französische *Akkordeon Musik* gespielt wurde, wohingegen die deutschen Weine (die gleichermaßen angeboten wurden) deutlich mehr verkauft wurden, als deutsche *Bierkellermusik* gespielt wurde.[108] Allerdings, und das ist das Entscheidende, kann man in der Versuchsanordnung nicht von wirklicher Hintergrundmusik sprechen, da es sich eher um eine direkte Präsentation am Weinstand mit deutlicher Lautstärke handelte.[109]

Von einer einflussreichen Wirkung musikalischer Gestaltungsparameter oder sogar von konkreten Emotionen kann deshalb im eigentlichen Bereich der Hintergrundmusik nur schwer gesprochen werden. Dies begründet sich im Fehlen der selektiven und kontrollierten Aufmerksamkeit. Deshalb werden sowohl die Hintergrundmusik, wie auch der Bereich des Instore-Marketing, in diesen Ausführungen zwar erwähnt, z.B. wenn es darum geht, gewisse Stimmungen zu erzeugen, eine ausführliche Besprechung wird jedoch ausbleiben.

Es ist trotzdem interessant, dass die Konsumenten im Versuch von NORTH et al. (1997) ihre Kaufentscheidung angeblich unbewusst an der gehörten Musik orientierten. Zur Erklärung dieses Zusammenhangs bietet sich eine Betrachtung symbolischer Gedächtnismodelle im folgenden Kapitel an.

Zusammenfassend kann Folgendes festgehalten werden:

- o Musik hat einen sowohl erregenden als auch beruhigenden Effekt auf das *autonome Nervensystem* (ANS).

---

[107] vgl. Areni & Kim (1993), zitiert nach Rötter (2004), S. 322
[108] vgl. North & Hargreaves (1997), zitiert nach Rötter (2004), S. 322
[109] vgl. Rötter (2004), S. 322

- Das aufsteigende retikuläre Nervensystem (*ARAS*) im Mittelhirn erhält Informationen von den Sinnesorganen und gibt sie weiter in höher gelegene Hirnregionen, wie dem Thalamus.
- Im *Thalamus* werden die Informationen nach Bedeutung gefiltert und entweder in ein bewusstes oder unbewusstes Erleben übersetzt.
- Der Thalamus kann Einfluss auf den *Cortex* nehmen, indem komplexe auditorische Wahrnehmungsvorgänge verordnet sind. Gleichzeitig reguliert der Cortex den Thalamus, um eine *mittlere Aktivierung* (und damit das Leistungsoptimum) zu erreichen.
- Musik kann nicht nur aktivierend oder entspannend wirken, sondern auch Stimmungen verändern (*Kontrasteffekt*) oder stützen (*Kongruenzeffekt*).
- Die *James-Lange Theorie zur Emotion* besagt, dass körperliche Erregung das eigentliche emotionale Erleben selbst und nicht die Folge einer emotionalen Reaktion im Organismus ist.
- In der Emotionstheorie von GEORGE MANDLER (1979) wird das autonome Nervensystem durch die *Unterbrechung von Handlungsabläufen* aktiviert – die Stärke der Emotion wird dabei durch das Ausmaß der Aktivierung bestimmt, die Qualität jedoch durch die kognitive Bewertung der Unterbrechung.[110]
- Aktivierung braucht immer auch ein bestimmtes Maß an *Aufmerksamkeit*. Es wird zwischen den zwei Formen der *automatisierten* und der *kontrollierten* Aufmerksamkeit unterschieden.
- *Hintergrundmusik* schließt die volle Aufmerksamkeit des Zuhörers prinzipiell aus.
- Positive Studienergebnisse zu Effekten von *Hintergrundmusik am POS* korrelieren mit der Lautstärke der dargebotenen Musik, also mit der Aufmerksamkeit der Konsumenten.

---

[110] vgl. Mandler (1979), zitiert nach Rötter (2004), S. 293

3.2 Symbolische Gedächtnismodelle

Das Ziel, das mit dem Einsatz akustischer Reize in der Markenkommunikation verfolgt wird, ist die Schaffung klarer Gedächtnisstrukturen für eine Marke.[111] Symbolische Gedächtnismodelle aus der kognitiven Psychologie eignen sich besonders, um die Repräsentation von Markenwissen zu erklären. Hierbei wird das zu verarbeitende zunächst in elementare Informationseinheiten (*Symbole*) unterteilt. Um komplexe Symbolstrukturen zusammen zu setzen werden dann eine Anzahl von *Vorschriften*, also eine eigene Grammatik, zur Verfügung gestellt.[112]

Sowohl sogenannte *semantische Netzwerke* als auch *Schemata* greifen auf diese Modellvorstellung zurück. Wissen wird in einzelne Einheiten zerlegt und dann durch Verknüpfungen in Beziehung zueinander gesetzt.[113] Man kann sich die beiden Konzepte dabei an zwei Enden eines Kontinuums vorstellen, dass durch die Komplexität der Repräsentation des Wissens bestimmt wird: Während semantische Netzwerke geeignet sind, um die Repräsentation kleinerer Wissenseinheiten zu erklären, dient die Schematheorie dazu, größere und komplexere Gedächtnisstrukturen zu erklären.[114]

3.2.1 Semantische Netzwerke

Die ersten Überlegungen zu einer Modelltheorie zu semantischen Netzwerken stammen von COLLINS & QUILLIAN (1972). Überarbeitet und optimiert wurde das Modell später von COLLINS & LOFTUS (1975).

Auf einer bildlichen Ebene kann man das Wissen durch Kanten (i.e. die Verbindung zwischen Einheiten, semantische Relationen) zwischen Knoten (i.e. Wissenseinheiten, Konzepte) darstellen.[115] Die Knoten stehen dabei für Konzepte wie beispielsweise Personen, Objekte oder Ereignisse, die im Gedächtnis repräsentiert sind.[116] KIERAS

---

[111] vgl. Roth (2005), S. 95
[112] vgl. Gigerenzer (1981), S. 18, zitiert nach Roth (2005), S. 60
[113] vgl. Roth (2005), S. 61
[114] vgl. Esch (2001), S. 81; vgl. Eysenck (1984), S. 307; vgl. Fiske & Linville (1980), S. 553, zitiert nach Roth (2005), S. 61
[115] vgl. Collins & Loftus (1975), S. 408, zitiert nach Roth (2005), S. 61
[116] vgl. Collins & Loftus (1975), S. 408, vgl. Anderson (2000), zitiert nach Roth (2005), S. 61

(1978) arbeitete beispielsweise auch akustische Wissensteile als Wahrnehmungsrepräsentationen in Form von Knoten in dieses Modell mit ein.[117] Die Kanten hingegen stellen die Verbindungen zwischen den einzelnen Konzepten dar und setzen sie in Beziehung.[118] Eine solche Beziehung könnte beispielsweise eine ‚ist'-Beziehung sein (eine Eiche ‚ist' ein Baum), wodurch eine Mitgliedschaft zu einer übergeordneten Kategorie ausgedrückt werden kann.

COLLINS & LOFTUS (1975) gingen außerdem von der Idee der sich ausbreitenden Aktivierung aus, das sogenannte *Spreading Activation Model*.[119] Das Prinzip des Modells besagt, dass wann immer ein Knoten aktiviert wird, weil die Person eine Sache oder einen Begriff liest, sieht, hört oder darüber nachdenkt, sich diese Aktivierung auf die korrespondierenden Knoten auswirkt und die jeweils enthaltenen Konzepte quasi mit aktiviert werden.[120] In einem simplen Beispiel könnte man sagen: Denke ich an Fast-Food, kommt mir automatisch auch McDonald's in den Sinn, dadurch automatisch auch Burger King.

Aktivierung und auch *streuende* Aktivierung hängen vor allem von der Stärke der Kante zwischen zwei Knoten ab: durch *erfahrungsbasierte Wiederholung*, je üblicher also die Verbindung auftritt, werden diese Verbindungen gestärkt.[121]

3.2.2 Schemawissen

Die ersten Schritte auf dem Gebiet der kognitiven Psychologie wagte BARTLETT mit seiner Schematheorie und dem Werk *Remembering*, das 1932 erschien. Unter Schemata versteht man „gedächtnisinterne Strukturen, in denen spezifische Exemplare und Erfahrungen der Realität verallgemeinert sind."[122] Wir haben es hier also, im Gegensatz zu den Wissensinhalten semantischer Netzwerke, mit abstrakten Inhalten zu tun: Schemata beinhalten das für die jeweilige Kategorie allgemein Zutreffende, jedoch

---

[117] vgl. Kieras (1987), S. 535, zitiert nach Roth (2005), S. 63
[118] vgl. Collins & Quillian (1972), S. 320; vgl. Eysenck (1984), S. 310, zitiert nach Roth (2005), S. 61,
[119] vgl. Roth (2005), S. 62
[120] vgl. Collins & Loftus (1975), S. 411, zitiert nach Roth (2005), S. 62
[121] vgl. Roth (2005), S. 62
[122] Roth (2005), S. 62

nicht die Eigenschaften eines bestimmten Exemplars.[123] Da sich außerdem die Realität um uns herum ständig verändert, sind zwangsläufig auch Schemata dynamischen Änderungen unterworfen.[124] Schemata sind also (a) abstrakt und (b) dynamisch veränderbar, vor allem durch äußere Eingabe.

Die unterschiedlichen Schemata, die im Gedächtnis vorhanden sind, folgen dabei einer bestimmten *Hierarchie*: Man spricht von einer sogenannten Generalisierungs- oder Abstraktionshierarchie, in der Konzepte von unten nach oben allgemeiner werden.[125] Das Schema *Hund* ist dem Schema *Pitbull* beispielweise übergeordnet. Das Schema *Shampoo* ist dem Schema *Head & Shoulders* übergeordnet und das Schema *Wiener Klassik* ist dem Schema *Haydn* übergeordnet.

Die Konzepte können dabei entweder in *konkurrierendem* oder *kooperierendem* Zusammenhang organisiert sein. Von einer Kooperationsbeziehung spricht man bei einer Einbettung des einen Konzepts in das andere (Teil-Ganzes Beziehung, z.B. das Konzept *Klavier* als Teilmenge des Konzepts *Instrument*).[126] Solange keine widersprüchliche Information vorliegt, erbt das eingebettete Konzept (*Klavier*) die Merkmale eines übergeordneten Konzepts (*Instrument*).[127] Konkurrenzbeziehungen ergeben sich, wenn Schemata nebengeordnet in einer Abstraktionshierarchie vorliegen (z.B. kann ein *Klavier* keine *Oboe* sein – die beiden Konzepte werden in ihrer Unterschiedlichkeit durch ihre jeweiligen *Merkmale* identifizierbar).[128]

Bei den jeweiligen Inhalten der Schemata spricht man ebenfalls von Konzepten, diese sind in zweierlei Art vorhanden: *Konstante Einträge*, die auf alle Exemplare eines Konzepts zutreffen (z.B. wäre das Merkmal *Wände* ein konstanter Eintrag im Konzept *Haus* – ohne *Wände* kein *Haus*) und sogenannte *Slots*, die feste Attribute des Konzepts sind, deren Ausprägung aber variabel ausgefüllt werden kann (z.B. gibt es beim

---

[123] vgl. Anderson (2000), S. 157; vgl. Fiske & Linville (1980), S. 552; vgl. Linville & Carlston (1994), S. 152, zitiert
    nach Roth (2005), S. 62
[124] vgl. Fiske & Linville (1980), S. 552 f.; vgl. Wessels (1994), S. 330, zitiert nach Roth (2005), S. 64
[125] vgl. Schnotz (1994), S. 66, zitiert nach Roth (2005), S. 65;
[126] vgl. ebda., S. 66
[127] vgl. Anderson (2000), S. 157, zitiert nach Roth (2005), S. 66
[128] vgl. Schnotz (1994), S. 66, zitiert nach Roth (2005), S. 66

Konzept *Haus* das Merkmal *Wände* mit dem Slot *Material* – dieses Material kann *Holz*, *Stein*, *Beton* oder *Lehm* sein.).[129] Wird eine Person nicht über Abweichungen der Norm informiert (z.B. ein Haus ohne Dach), geht die Person von den objekttypischen Eigenschaften aus.[130] Die fehlenden expliziten Ausprägungen in den Slots werden daher vom Schema zunächst mit Standardwerten, sogenannten *Annahmen*, besetzt (z.B. Haus mit Wänden aus Beton und rotem Ziegeldach).[131] Erst dann, wenn eine explizite Abweichung von der Norm festgestellt wird kommt es dazu, dass typische Ausprägungen in den *Slots* durch momentan auftretende Merkmale überschrieben werden.[132]

Wie aber kommt es zu Schemawissen? Erst ein Schema, das verfestigt ist und über einen gewissen Zeitraum stabil bleibt, kann in einer Reizsituation Anwendung finden.[133] Es gibt zwar verschiedene Prozessarten, wie dies passiert – allen gemein ist jedoch das Merkmal der mehrmaligen Anwendung und Verinnerlichung.[134] Auf dieser gemeinsamen Basis lassen sich dann drei Prozessarten unterscheiden: *Assimilative Prozesse*, *Feinabstimmung* und *Umstrukturierung*.[135]

Unter *assimilativen Prozessen* versteht man solche Prozesse, bei denen das vorhandene Schema selbst nicht verändert wird. Vielmehr werden weitere Merkmale, Objekte und Handlungen durch Erfahrungen einer Person mit ihrer Umwelt in das vorhandene Schema assimiliert.[136]

Handelt es sich um einen Prozess der *Feinabstimmung* (*tuning*), werden bei vorhandenen Schemata kleine Veränderungen vorgenommen.[137] Herrscht eine Diskrepanz zwischen tatsächlichem Erleben und den in einem Konzept eines Schemas enthaltenen

---

[129] vgl. Rumelhart & Norman (1978), S. 41; vgl. Anderson (2000), S. 156; vgl. Mandl et al (1988), S. 125; vgl. Mayer (1992), S. 228, zitiert nach Roth (2005), S. 65
[130] vgl. Roth (2005), S. 65
[131] vgl. Brewer & Tryens (1981), S. 227; vgl. Fiske & Linville (1980), S. 552; vgl. Rumelhart & Ortony (1977), S. 105, zitiert nach Roth (2005), S. 65
[132] vgl. Anderson (2000), S. 157; vgl. Rumelhart & Ortony (1977), S. 105, zitiert nach Roth (2005), S. 65
[133] vgl. Smith & Houston (1985), S. 215, zitiert nach Roth (2005), S. 67
[134] vgl. Aebli (1976), S. 100, 105, 107 f., zitiert nach Roth (2005), S. 67
[135] vgl. Esch (200), S. 90; vgl. Mandl et al. (1988), S. 127 f.; vgl. Rumelhart & Norman (1978), S. 38, zitiert nach Roth (2005), S. 67
[136] vgl. Roth (2005), S. 67; vgl. Esch (2001), S. 90; vgl. Mandl et al. (1988), S. 127; vgl. Rumelhart & Norman (1978), S. 38
[137] vgl. Roth (2005), S. 67; vgl. Mandl et al. (1988), S. 128; vgl. Rumelhart & Norman (1987), S. 39

typischen Elementen, werden die Schemata angepasst, indem Merkmale weggelassen werden oder Einschränkungen bei der Ausfüllung von Slots gelockert werden.[138]

Es kann jedoch auch zu einer *Umstrukturierung (reconstructing)* des Wissens kommen: Entweder durch *Schemainduktion* oder durch einen *Mustervergleich* kommt es hierbei zu einer Veränderung von Schemata.[139] Bei der Schemainduktion werden Schemata entweder umstrukturiert oder auch neu aufgebaut, indem zusammenauftretende Sachverhalte wiederholt, gleichzeitig oder in festen Abfolgen aktiviert werden – man spricht von *Lernen durch Kontiguität*.[140] Bei einem Mustervergleich hingegen hat man es mit *intentionalen* Lernprozessen zu tun. Schemata werden auch hierbei entweder wesentlich verändert oder neu aufgebaut.[141] Die Umstrukturierung von Wissen durch einen solchen Mustervergleich ist jedoch ein vergleichsweise langfristiger und schwieriger Prozess.[142]

3.2.3 Symbolische Gedächtnismodelle und Markenwissen

Wendet man das Konzept des semantischen Netzwerkes auf Marken an, kann man Elemente von Marken als Konzepte in semantischen Netzwerken repräsentiert sehen.[143] Im Optimalfall ist das Wissen zu Marken dabei im Langzeitgedächtnis gespeichert und im Netzwerk sowohl visuell als auch akustisch repräsentiert – um diese Bestandteile bei der Aktivierungsausbreitung zu aktivieren, ist es für Marken wichtig, wenige, dafür starke, Verbindungen zwischen zentralen Konzepten zu schaffen.[144]

Markenwissen kann jedoch mit Hilfe der Schemata sehr viel besser dargestellt werden. Der Punkt, der Schemata in der Darstellung von Markenwissen gegenüber semantischen Netzwerken auszeichnet ist der, dass durch Schemata weitaus komplexere Wissensstrukturen, wie im Falle von Markenwissen, erklärt werden können.[145]

---

[138] vgl. Mandl et al. (1988), S. 128; vgl. Schnotz (1994), S. 88, zitiert nach Roth (2005), S. 67
[139] vgl. Rumelhart & Norman (1978), S. 39, zitiert nach Roth (2005), S. 67
[140] vgl. Mandl et al. (1988), S. 127, zitiert nach Roth (2005), S. 67, vgl. De la Motte-Haber (1985), S. 244
[141] vgl. Roth (2005), S. 68
[142] vgl. Mandl et al. (1988), S. 127; vgl. Rumelhart & Norman (1978), S. 39, zitiert nach Roth (2005), S. 68
[143] vgl. Roth (2005), S. 63
[144] vgl. Esch (2000), S. 101, zitiert nach Roth (2005), S. 62
[145] vgl. Esch (2001), S. 81; vgl. Eysenck (1984), S. 307; vgl. Fiske & Linville (1980), S. 553, zitiert nach Roth

Wie es KIERAS (1978) für semantische Netzwerke gezeigt hat, haben Studien auch für Schemawissen gezeigt, dass sich akustische Inhalte integrieren lassen.[146] Musikalische Schemata beinhalten dann beispielsweise Wissen über musikalische Formen und Stile, musikalisch syntaktische Regeln, Melodiesequenzen, ästhetische Bewertungsgrundlagen für Musik und vieles mehr.[147] Der Informationsgehalt von akustischen Ereignissen haftet jedoch nicht an den Oberflächen der Objekte, sondern wird immer assoziativ zu bestehenden Konzepten, die sowohl persönlicher erfahrungsbasierter Natur, als auch gesellschaftlich-konventioneller Natur sein können, bestimmt.[148]

Die kognitiven Schemata stellen also Gedächtnisinhalte bereit, mit deren Hilfe akustische Reize, z.B. Musik, identifiziert und eingeordnet werden können; die gehörten Elemente werden außerdem systematisch in die bestehenden Strukturen eingebunden und können bei Bedarf deren Umorganisation bewirken, was für den Aufbau von Markenwissen genutzt werden kann.[149]

Je nachdem, wie eine Marke bereits entwickelt wurde und auch je nachdem, wo man mit der Marke hin will, ergeben sich aus den genannten Aspekten verschiedene Ansatzpunkte für den Aufbau von Markenwissen. Muss eine Marke neu aufgebaut werden, sind Prozesse der *Umstrukturierung* erforderlich, da sich unter der Produktkategorie neue Wissensstrukturen bilden müssen. Hierfür sind vor allem Zeit und möglichst viele Wiederholungen wichtig.[150] *Assimilative Prozesse* werden notwendig, wenn die Marke bereits bekannt ist, jedoch nur rudimentäre Wissensstrukturen, also solche Merkmale, die kaum über die Produktkategorie hinausgehen, vorhanden sind.[151] Eine *Feinabstimmung* (*tuning*) wird dann sinnvoll, wenn die Marke bereits ein entwickeltes Markenschema ausgebildet hat.[152] Hiermit können Marken dann bei-

---

(2005), S. 66
[146] vgl. Kieras (1987), S. 535, vgl. Bartlett & Snelus (1980), S. 551; vgl. Dowling (1987), S. 341; vgl. Krumhansl (1991), S. 401; vgl. Stoffer (1997), S. 474, zitiert nach Roth (2005), S. 64
[147] Vgl. Ebda.
[148] vgl. Raffaseder (2009), S. 112
[149] vgl. Stoffer (1997), S. 475, zitiert nach Roth (2005), S. 67
[150] vgl. Roth (2005), S. 68
[151] vgl. ebda.
[152] vgl. ebda.

spielsweise auch an veränderte emotionale Bedürfnisse und Wünsche einer Konsumentengruppe angepasst werden.[153]

Dabei ergibt sich immer auch eine *wechselseitige Beziehung* zwischen einem Markenschema und der Interpretation eines akustischen Reizes. Es wird davon ausgegangen, dass letztere kaum Beachtung finden, wenn sie im Kontext der Marke keine Rolle spielen.[154] Gleichsam werden die akustischen Reize in der Wahrnehmung aber auch eher im Sinne des Schemas und den dahinterstehenden Wissensstrukturen interpretiert. Aspekte wie beispielsweise die zugeschriebene Ausdrucksdimension einer bestimmten Musik werden vor dem Hintergrund des Markenschemas gedeutet.[155]

Dieser Sachverhalt ist darüber hinaus auch für das Phänomen verantwortlich, dass Unbekanntes oft dazu neigt, zu verstören, ein wichtiges Moment, auf das auch von MANDLER (1979) hingewiesen wird. Er verweist auf die entscheidende Bedeutung der individuellen und historischen Situation des Rezipienten. Ist der Versuch, einen Stimuluskomplex zu analysieren erfolglos, weil keine bekannten Strukturen in den vorhandenen Schemata verfügbar sind, sind beim Rezipienten die Bedingungen für Angst und Hilflosigkeit erfüllt.[156] Eine neue Kunstform, so MANDLER (1979) weiter, wird deshalb häufig mit Missfallen, Unverständnis und negativ beantwortet. Diese emotionale Reaktion lässt sich jedoch durch strukturbildende Erziehung und Erfahrung von negativ zu positiv verändern.[157] Für den Ästhethikbegriff bedeutet dies, dass Ästhetik erlernt wird, indem der Mensch, oder eine Gruppe von Menschen, diesen Begriff aus positiv bewerteten Schemata selbst ausbildet.

Die Schlussfolgerung hieraus für den Einsatz akustischer Reize ist, dass bereits vorhandene Schemastrukturen konsequent beachtet werden müssen: Nur wenn die Inhalte, die durch akustische Reize transportiert werden in der Bedeutung mit vorhandenem

---

[153] vgl. ebda.
[154] vgl. ebda., S. 71
[155] vgl. ebda., S. 71
[156] vgl. Mandler (1979), S. 314, zitiert nach Rötter (2004), S. 293
[157] vgl. Mandler (1979), S. 314, zitiert nach Rötter (2004), S. 293

Wissen abgestimmt sind und zusammenhängend interpretiert werden können, können sie bei der Vertiefung oder beim Neuaufbau von Schemata helfen.[158]

Zusammenfassen kann Folgendes festgehalten werden:

- Symbolische Gedächtnismodelle unterteilen das zu Verarbeitende in elementare Informationseinheiten (*Symbole*). Sowohl *semantische Netzwerke*, als auch *Schemata* greifen auf diese Modellvorstellung zurück.
- In *semantischen Netzwerken* wird Wissen durch Knoten repräsentiert, die durch Kanten zueinander in Verbindung gesetzt werden. Auch akustische Wissensteile sind in Form von Knoten in das Modell mit eingearbeitet.
- In *Schemata* ist das Wissen abstrakt und dynamisch veränderbar, sowie generalisierungshierarchisch repräsentiert. Die einzelnen Wissensrepräsentationen (*Konzepte*) sind entweder in *konkurrierendem* oder in *kooperierendem* Zusammenhang organisiert.
- Konzepte kommen entweder als *konstante Einträge* oder als *Slots* vor, deren Attribute sich variabel ausfüllen lassen.
- Schemawissen baut sich über *assimilative Prozesse (assimilation)*, *Feinabstimmung* (*tuning*) und *Umstrukturierung* (*reconstructing*) auf.
- *Markenwissen* kann mit Hilfe der Schemata dargestellt werden. Auch *akustische Inhalte* lassen sich in die Modelvorstellung integrieren.
- Es ergibt sich immer eine wechselseitige Beziehung zwischen einem *Markenschema* und der *Interpretation* eines akustischen Reizes. Bereits vorhandene Schemastrukturen müssen daher beim Einsatz akustischer Reize mit beachtet werden.

---

[158] vgl. Roth (2005), S. 68

4 Vermittlung und Evokation von Emotionen durch Musik

Wird eine starke Marke über die besprochenen Ansätze in den Wissensstrukturen der Konsumenten aufgebaut, wird vor allem die Vermittlung von Emotionen wichtig, damit Marken emotional aufgeladen werden können.[159] Eine solche emotionale Aufladung von Marken bewirkt eine bessere Kundenbindung, eine gesteigerte Kommunikationseffizienz und projeziert das Produkt auf diejenige Werbefläche, die bezüglich ihrer Wirkungsdauer und in ihrem Wirkungsort, unabhängig von Zeit und Raum ist: Die Imagination.

Akustischen Reizen ganz allgemein, Musik aber im Speziellen, kommen dabei vor allem zwei Hauptaufgaben zu: Die Vermittlung *spezifischer Emotionen* (im Sinne von emotionalen Episoden, vgl. Kapitel 2.1.) und die Vermittlung von *Stimmungen* mit atmosphärischer Wirkung.

Betrachtet man die Vermittlung spezifischer Emotionen, kann man in Effekte einzelner akustischer Elemente (z.B. Lautstärke, Klang) und Effekte der Reize als Ganzes (z.B. Musikstück) unterscheiden. Für letztere wurde bestätigt, dass sie in vielen Hörern eine „weitgehend uniforme affektive Bedeutung" vermittelt.[160] Als ursächlich hierfür gelten vor allem die zeit- und klangbezogenen Komponenten der Musik.[161] Mit Studien über einzelne Komponenten akustischer Reize konnte beispielsweise bereits HEVNER (1935) belegen, dass es innerhalb musikalischer Stimuli eine systematische affektive Symbolik gibt. Sie hat gezeigt, dass sowohl durch Musikprofis als auch durch Laien, bestimmte Melodien in ihrer affektiven Bedeutung erfasst werden.[162] Studien von GRUNDLACH (1935) und CAMPBELL (1942) haben dies bestätigt.

Im Bereich der *Stimmungen* haben sich vor allem Effekte im Bereich der Erinnerungsleistung gezeigt: Eine glückliche Stimmung, beispielsweise induziert durch Musik, kann zu besseren Erinnerungsleistungen (*Recall*) führen – auch Markenwissen, dass sich in

---

[159] vgl. Roth (2005), S. 117
[160] Roth (2005), S. 119
[161] vgl. Grundlach (1935), S. 638f.; vgl. Kellaris et al. (1993), S. 115, zitiert nach Roth (2005), S. 119
[162] vgl. Roth (2005), S. 119; vgl. Hevner (1936), S 253, 267, zitiert nach Roth (2005)

Schemata im Gedächtnis der Konsumenten aufgebaut hat, kann somit besser abgerufen werden. MARTIN & METHA (1997) haben beispielsweise Effekte musikalischer Stimmungsinduktion auf die Fähigkeit, Kindheitserinnerungen zurück zu holen, untersucht und herausgefunden, dass Musik einen Einfluss auf die Gesamtzahl der zurückgeholten Erinnerungen hat, wenn sie sich in einer glücklichen Stimmung befinden, allerdings hat sich kein signifikanter Effekt bei trauriger Musik eingestellt.[163] Auch BALCH et al. (1999) haben demonstriert, wie sich stimmungsabhängige Gedächtniseffekte durch Stimmungsinduktion mit Musik beeinflussen lassen. Die Untersuchungsergebnisse der genannten Forscher legen nahe, dass es hierbei hauptsächlich die wertende Dimension eines emotionalen Zustandes ist, der den Effekt auslöst.[164]

Um auf die Mechanismen, die bei der Evokation spezifischer Emotionen und auch Stimmungen wirken, genauer eingehen zu können und um an späterer Stelle die Instrumentalisierung der genannten Effekte besprechen zu können, sollen im folgenden Kapitel einige grundlegende Erkenntnisse aus der Neurowissenschaft zum Thema besprochen werden, die mit ihrer eigenen Perspektive, zusätzlich zum kognitivpsychologischen Ansatz, das Gesamtbild zur Evokation von Emotionen verfeinern.

4.1 Die Neurowissenschaft zur Verknüpfung zwischen akustischen Reizen und Emotionen

Emotionen und akustische Reize, das bestätigen die Befunde aus der Neurowissenschaft, werden in denselben Gehirnregionen verarbeitet.[165] Zeitweise wurde hierzu zwar angenommen, dass Musik nur in der rechten Hemisphäre unseres Gehirns verarbeitet werden würde, diese Einschätzung wurde in dieser absoluten Form jedoch nicht bestätigt.[166] Vielmehr haben Untersuchungen ergeben, dass beim Zuhören von Musik mehr oder weniger der gesamte Cortex beansprucht wird.[167] Es gibt zwar gewisse Qualitäten, die mehr oder weniger lokalisiert werden können: Der Rhythmus

---

[163] vgl. Martin & Metha (1997), zitiert nach Scherer & Zentner (2001), S. 373
[164] vgl. Scherer & Zentner (2001), S. 373
[165] vgl. Roth (2005), S. 105
[166] vgl. Roth (2005), S. 52
[167] vgl. Milner (1962), S. 148 ff., zitiert nach Roth (2005), S. 52

beispielsweise ist in der linken Hemisphäre angesiedelt, grundsätzlich ist es jedoch so, dass sich beide Hemisphären gegenseitig bei der Verarbeitung akustischer Reize unterstützen.[168] Das System, dass die Kommunikation innerhalb des Organismus ermöglicht, ist das Nervensystem, das in drei Teile unterschieden werden kann.

Emotionen werden entweder über das *zentrale Nervensystem* (ZNS), oder über das *somatische* und *autonome Nervensystem* generiert (SNS und ANS).[169] Effekte von Musik auf das ANS wurden oben bereits besprochen, als es darum ging zu untersuchen, inwiefern Musik Effekte auf psychophysiologische Erregung und Entspannung hat. Im Folgenden soll nun aufgezeigt werden, wie Emotionen mittels des ZNS und des ANS *entstehen*. Die Autoren SCHERER & ZENTNER (2001) sprechen in ihren vielbeachteten Ausführungen in diesem Zusammenhang von sogenannten Pfaden (*routes*). Es muss vorab angemerkt werden, dass nicht davon ausgegangen wird, dass die einzelnen im Folgenden beschriebenen Mechanismen in exklusiver Art und Weise wirken. Es wird vielmehr vermutet, dass die einzelnen Mechanismen zusammen wirken, aber je nach den Umständen jeweils mehr oder weniger Einfluss auf den hervorgerufenen emotionalen Zustand haben.[170]

Zusammenfassend kann Folgendes festgehalten werden:

- o Durch das emotionale Aufladen von Marken (*Emotionalisierung*), wird eine bessere Kundenbindung, eine gesteigerte Kommunikationseffizienz, sowie eine größere Identifikation mit der Marke erreicht. Musik soll hierzu *spezifische Emotionen* und *Stimmungen* vermitteln.
- o *Spezifische Emotionen* (verstanden als emotionale Episoden, vgl. Kapitel 2.1.) teilen sich über eine *systematische affektive Symbolik* mit, die sich vor allem aus den zeit- und klangbezogenen Elementen der Musik ergibt.[171]

---

[168] vgl. Roth (2005), S. 54
[169] vgl. Scherer & Zentner (2001), S. 365
[170] vgl. ebda., S. 372
[171] vgl. Grundlach (1935), S. 638f.; vgl. Kellaris et al. (1993), S. 115, zitiert nach Roth (2005), S. 119

- *Stimmungen* haben unter anderem einen positiven Effekt auf die Erinnerungsleistung, wobei vor allem die *wertende* Dimension eines emotionalen Zustandes für den Effekt verantwortlich ist.[172]
- Emotionen und akustische Reize werden in denselben Gehirnregionen verarbeitet. Beide *Hemisphären* unterstützen sich gegenseitig bei der komplexen und ganzheitlichen Verarbeitung akustischer Reize.
- Allgemein betrachtet entstehen Emotionen entweder über das zentrale Nervensystem (*ZNS*), oder über das somatische und autonome Nervensystem (*SNS* und *ANS*).

Anschließend sollen nun zunächst die einzelnen Mechanismen besprochen werden, mit denen Emotionen durch das zentrale Nervensystem (ZNS) evoziert werden.

4.1.1 Evaluation (Appraisal Theory)

Die Gestaltpsychologen (z.B. WERTHEIMER, KÖHLER, HORNBOSTEL, METZGER) schlagen eine unbedingte Unterscheidung zwischen physikalischer und psychischer Welt vor: Die physikalische Welt muss erst durch den Prozess der Wahrnehmung eines Reizes vom Menschen angenommen werden.[173] Erst in der Wahrnehmung verbinden sich die physikalischen Eigenschaften zu etwas Ganzem: Zu einem Gegenstand, der von Menschen beurteilt werden kann.[174] Erst in der menschlichen Wahrnehmung, es wurde bereits angesprochen, entstehen dann auch Gefühle.

Dieses Prinzip wird auch auf die Wahrnehmung von Marken und Produkten angewendet: Kein Produkt, keine Marke, hat einen Wert an sich, denn dieser entsteht erst im Bewusstsein des Kunden und solche Produkte, die keine Emotionen auslösen, sind für das Gehirn schlicht wertlos.[175] Die Autoren SCHERER & ZENTNER (2001) schlagen hierzu vor:

„There is an emerging consensus that emotion elicitation and differentiation is best understood by assuming a process of event evaluation, or appraisal, that

---

[172] vgl. Scherer & Zentner (2001), S. 373
[173] vgl. Bruhn (2009), S. 25
[174] vgl. ebda.
[175] vgl. Häusel (2010), S. 14

models the way in which an individual assesses the personal significance of an event for its well-being on a number of criteria and dimensions." [176,177]

Ein Objekt oder ein Ereignis wird von einer bestimmten Person evaluiert. Dabei berücksichtigt die evaluierende Person eine Anzahl von Kriterien (oder Dimensionen), die Implikationen des Ereignisses hinsichtlich der Bedürfnisse, Ziele oder Werte, sowie das Vermögen, mit den Konsequenzen des Ereignisses zurechtzukommen, berücksichtigen.[178] Das Ergebnis dieses Evaluationsprozesses ist eine Emotion, die dann durch physiologische Symptome, insbesondere durch motorischen Ausdruck in Gesicht, Körper und Stimme, zum Ausdruck kommt (vgl. Kapitel 3.1.).[179] Man geht davon aus, dass diese Evaluationsprozesse in rudimentärer und automatisierter Art auf den unteren Ebenen des ZNS, hauptsächlich im limbischen System, ablaufen.[180]

Das Limbische System ist für die Regulierung des Verhaltens, vor allem aber für emotionale Vorgänge zuständig und besitzt sowohl Verbindungen zur *Hirnrinde*, als auch zu *Hypothalamus* und *Hirnstamm*.[181] Eine besondere Rolle kommt hierbei dem Mandelkern (*Amygdala*) zuteil: Er fügt den sensorischen Informationen eine motivationale Bedeutung hinzu, denn hier werden Informationen aus Gedächtnis und Köperinnerem mit Umweltreizen verbunden.[182] Außerdem finden hier komplexe emotionale Konditionierungsvorgänge statt. Haben sich affektive Verhaltensmuster durch positive Verstärkung bewährt, kann der Mandelkern diese aktivieren. Ferner kann er über seine Verbindungen zu *Hypothalamus* und *Hirnstamm* vegetative und endokrine Reaktionen (i.e. die Abgabe von Hormonen und Neurotransmittern) steuern.[183]

---

[176] Scherer & Zentner (2001), S. 366
[177] *„Es gibt einen zunehmenden Konsens darüber, dass hervorgerufene Emotionen, sowie die Unterscheidung derselben, am besten verstanden werden können, indem man von einem Evaluationsprozess von Ereignissen ausgeht, der die Art und Weise entwickelt, wie ein Individuum die persönliche Signifikanz eines Ereignisses für sein Wohlergehen aufgrund einer Anzahl an Kriterien und Dimensionen beurteilt."* (Scherer & Zentner 2001, S. 366, Übersetzung durch den Autor)
[178] vgl. Scherer & Zentner (2001), S. 366
[179] vgl. ebda., S. 366
[180] vgl. ebda., S. 366
[181] vgl. Rötter (2004), S. 272
[182] vgl. ebda.
[183] vgl. ebda.

Ein Beispiel im Bereich der Musik könnte so aussehen: Ein Objekt oder Ereignis, das hilft ein Ziel zu erreichen, wird positiv bewertet und löst eine positive Emotion aus, ein Objekt oder Ereignis, das verhindert, ein Ziel zu erreichen wird als negativ bewertet und löst negative Emotionen aus.

Situation 1: Ich möchte einschlafen, mein Nachbar hört jedoch laute House-Musik. Dieses Ereignis verhindert das Erreichen meines Zieles, nämlich einzuschlafen. Es wird in Folge dessen also als negativ bewertet und löst eine dementsprechend negative Emotion aus.

Situation 2: Ich möchte nachts noch lange arbeiten und werde müde. Ich kann nun Musik hören, um mich zu beleben. Die vielleicht sogar selbe House-Musik hilft mir nun, mein Ziel, nämlich wach zu bleiben, zu erreichen und belebt mich. Das Ereignis wird folglich als positiv bewertet und löst eine dementsprechend positive Emotion aus.[184]

Einfach gesagt: Die Appraisal Theory sagt, gerade bei diesem Beispiel, aus, dass wenn ich Musik hören muss, die ich eher verabscheue und die zusätzlich meine Konzentration an einer wichtigen Aufgabe stört (Hinderung hinsichtlich der Wünsche und Ziele), ich eher Ärger verspüren werde, wenn ich der Meinung bin, es sei möglich die Musik irgendwann stoppen zu können, und Verzweiflung oder Resignation, wenn ich mich machtlos fühle.[185]

Auf diesem automatisierten, untergeordneten Pfad können Stimuli durch die tieferliegenden Zentren des Gehirns innerhalb kürzester Zeit und außerhalb des Bewusstseins, ohne offensichtliche Beteiligung der kortikalen Gebiete, verarbeitet werden.[186]

Ein sehr interessanter Vorgang hierbei ist, dass es, entweder als Teil einer intrinsischen Werteerkennung oder als separater Vorgang, automatisierte Evaluationen von ästhetischer Qualität zu geben scheint.[187] Folglich kann also nicht ausgeschlossen werden, dass es so etwas wie ein eindeutiges (vielleicht sogar universelles) Kriterium der

---

[184] Beispiele in abgeänderter Form auch bei Koelsch (2011)
[185] vgl. Scherer & Zentner (2001), S. 368
[186] vgl. Öhman (1988), zitiert nach Scherer & Zentner (2001), S. 366-367, vgl. Dimberg (1988), zitiert nach Koelsch (2011)
[187] vgl. Scherer & Zentner (2001), S. 368

Schönheit gibt, das anhand visueller und auditorischer Stimulation automatisiert evaluiert wird und eine affektive Rückmeldung (in Form von Emotionen) gibt.[188]

Die individuelle historische und persönliche Situation des Hörers, also *wann, wo* und *wie* er lebt und denkt, darf dabei jedoch nicht außer Acht gelassen werden: Die *Kompatibilität* eines stimulierenden Ereignisses mit externen Standards (Normen, Kulturelle Werte) und internen Standards (persönliche Werte) als Teil einer vorhergehenden Evaluation ist höchst relevant bei der Evokation von Emotion mit Musik.[189] Es gibt recht genaue Beschreibungen darüber, was in welcher Zeitperiode als ästhetisch befriedigend gelten und was als Verletzung des sogenannten *‚guten Geschmacks'* abgelehnt werden sollte.[190] Dieser Sachverhalt lässt sich sehr gut vor dem Hintergrund der besprochenen symbolischen Gedächtnismodelle erklären: Wie oben bereits angesprochen wurde, wird ein neuartiger Reiz immer vor dem Hintergrund bereits bestehenden Schamwissens interpretiert und Unbekanntes verstört tendenziell eher, da es nicht eingeordnet werden kann.

4.1.2 Gedächtnisrepräsentation (Memory)

Ein weiterer zentraler Pfad, der die Evokation von Emotionen bewirkt, ist der Pfad der Imagination oder Gedächtnisrepräsentation. Hinter diesem Pfad steht die Überlegung, dass expressive und physiologische Reaktionsmuster eines emotional bedeutsamen Ereignisses im Gedächtnis zusammen mit eigenen Erlebnissen abgespeichert werden können.[191] Konsequenterweise wird nun davon ausgegangen, dass die Erinnerung an das Erlebnis vergleichbare Emotionen evozieren kann. Die empirischen Befunde hierfür sind allerdings noch dürftig, außer im klinischen Bereich der *Posttraumatischen Belastungsstörung*.[192]

Jeder kennt jedoch die Erfahrung, dass Musik besonders nützlich ist, um emotionale Erfahrungen aus der Erinnerung zurückzuholen. Dies ist aus zwei Gründen nicht

---

[188] vgl. Etcoff (1999), zitiert nach Scherer & Zentner (2001), S. 368
[189] vgl. Scherer & Zentner (2001), S. 368
[190] vgl. ebda.
[191] vgl. Lang (1979); vgl. Lang et al. (1980), zitiert nach Scherer & Zentner (2001), S. 369
[192] Studien hierzu von: Pitman et al. (1999); van der Kolk (1997). Einen Überblick kann man sich verschaffen bei Contrada et al. (1991), Dalton (1998), Tarrant et al. (1994)

überraschend: Erstens ist Musik ein höchst überzeugendes Element in unserem Sozialleben und begleitet viele wichtige autobiograpsche Ereignisse im Leben, wie religiöse Zeremonien, Heirat, Beerdigungsriten oder andere Festivitäten.[193] Folglich gibt es viele Assoziationen zwischen musikalischen Elementen und emotional bedeutsamen Erinnerungen.[194] Zweitens wird Musik sehr wahrscheinlich auf tieferliegenden Ebenen im Gehirn verarbeitet und ist daher im Gegensatz zum kortikal basierten episodischen Gedächtnis besonders resistent gegen Modifikationen durch spätere Eingaben.[195] Wie im vorherigen Kapitel bereits angesprochen, kann Musik sehr nützlich sein, um einzelne Elemente eines Konzeptes innerhalb von Schemata zu aktivieren. DAVIES (1978) nannte dieses Phänomen der Evokation von Emotionen durch Musik anhand von Gedächtnisrepräsentationen daher auch sehr treffend und erklärend das *Darling-they-are-playing-our-tune-Phenomenon*.

4.1.3 Empathie

Bei den Pfaden *Appraisal* und *Memory* geschah die Evokation der Emotionen entweder durch das *Auftreten* oder durch das *Erinnern* eines Ereignisses, das für das Subjekt von besonderer Bedeutung ist. Emotionen können jedoch auch durch reine Beobachtung einer anderen Person evoziert werden, die ein Erlebnis besonderer emotionaler Bedeutung erfährt, dass für uns *nicht* zwingenderweise von Bedeutung ist.[196]

Was hier geschieht ist, dass wir das Ereignis, das die Emotion im Anderen hervorgerufen hat, in einer ähnlichen Art und Weise evaluieren und somit auch zu einem ähnlichen Ergebnis kommen.[197] Dabei spielt der Faktor Sympathie eine wichtige Rolle. Wenn wir die fragliche Person nicht mögen, kann tatsächlich auch die entgegengesetzte Emotion evoziert werden (beispielsweise Freude über den Ärger eines Anderen).[198]

Besonders anschaulich lässt sich der Empathie-Mechanismus anhand des Phänomens emotionaler Ansteckung (*emotional contagion*) verdeutlichen: Die emotionale Anste-

---

[193] vgl. Scherer & Zentner (2001), S. 369
[194] vgl. ebda.
[195] vgl. LeDoux (1992), zitiert nach Scherer & Zentner (2001), S. 369
[196] vgl. Scherer & Zentner (2001), S. 369
[197] vgl. ebda.
[198] vgl. ebda.

ckung kann als besondere Form des Empathie-Pfades bezeichnet werden. Das entscheidende Merkmal hierbei ist die Beobachtung des motorischen Ausdrucks der fraglichen Person, möglicherweise ohne jedes Wissen über das Ereignis, dass diese Reaktion ausgelöst hat.[199] Die Annahme lautet, dass das bloße Beobachten motorischen Ausdrucks bereits vergleichbare muskuläre Reaktionen beim Beobachter bewirkt.[200]

Nehmen wir an, wir sehen einen Protagonisten in einem Film, der ein sehr trauriges Erlebnis, wie beispielsweise den Verlust eines geliebten Menschen durchlebt. In diesem Fall gibt es kein tatsächliches Ereignis, dass diese Reaktion hervorruft, sondern nur die Skript-basierte Idee, die den Schauspieler authentisch spielen lässt und die adäquate Reaktion ausdrückt. Geht man davon aus, dass die mimischen Effekte, die der emotionalen Ansteckung zu Grunde liegen nicht notwendigerweise eine authentische Erfahrung benötigen, wird angenommen, dass der Zuschauer nun, wenn auch abgeschwächt und rudimentär, einige Merkmale des Ausgedrückten reproduziert.[201]

Dieses Beispiel liegt recht nahe bei der Musik – nur dass man bei der Musik anstatt einem Schauspieler, der ein Drehbuch spielt, einen Musiker hat, der Noten spielt. In Studien kann man mit elektromyographischen Methoden feststellen, wie beispielsweise der fürs Lachen verantwortliche Jochbeinmuskel seine Aktivität bei verschiedenartiger Musik ändert. Studienergebnisse hierzu wurden bereits im obigen Kapitel über die Wirkung von Musik auf das ANS angesprochen – es gibt hierzu außerdem Studien von LARS-OLOV LUNDQVIST et al. (2000). In der Psychologie findet man dieses Phänomen unter dem Namen der *facial feedback hypothesis* wieder.

Es gibt außerdem Hinweise, dass es eine Art Empathie mit der Emotion gibt, von der wir denken, dass der Performer eines Musikstückes sie fühlt.[202] Man kann annehmen, dass dies der Grund ist, warum Emotionen evoziert werden, wenn man sich mit einem Performer identifiziert, der auf uns den Eindruck macht, eine emotionale Erfahrung zu

---

[199] vgl. ebda., S. 369, 370
[200] vgl. ebda.
[201] vgl. Scherer & Zentner (2001), S. 370
[202] vgl. ebda.

durchleben, die durch eine tieferliegende Idee geschaffen wird.[203] Tatsächlich kennen die meisten das Phänomen, bei einer emotionalen Live-Performance der Überzeugung zu sein, und das genügt zur Evokation, gleichsam eins mit der Gefühlswelt des Interpreten auf der Bühne zu sein – man fühlt sinngemäß *mit*.

4.1.4 Propriozeptives Feedback und motorischer Ausdruck

Die bisher in diesem Kapitel besprochenen Mechanismen beziehen sich alle auf das ZNS als Pfad der Evokation von Musik – doch auch das ANS kann Emotionen hervorrufen. Dieser Vorgang wird als *Propriozeptives Feedback* bezeichnet.

Die Idee des propriozeptiven Feedback ist, dass ein emotionales System aus integrierten Einzelkomponenten besteht und dass das System als Ganzes durch die Manipulation des Musters einer einzelnen Komponente aktiviert werden kann.[204] In einer Reihe von Studien haben EKMAN & LEVENSON (1983) beispielsweise herausgefunden, dass es vielleicht möglich sei, physiologische und erfahrungsmäßige Emotionen zu induzieren, indem man ein Individuum auffordert, einen Gesichtsausdruck zu formen, der einer bestimmten Emotion deutlich zugeordnet ist (ohne dass die Versuchspersonen dies bewusst taten).[205] Diese Grundidee ist konsistent mit propriozeptiven Theorien, die in ihrer starken Auslegung behaupten, dass subjektive Emotionen durch starken oder hemmungslosen motorischen Ausdruck produziert, in ihrer schwächeren Auslegung angereichert oder intensiviert, werden können.[206]

Wenn man folglich annimmt, dass Musik eine der Komponenten systematisch beeinflussen kann, können periphere Mechanismen über das ANS das Potential besitzen, eine Vielzahl anderer Emotionskomponenten zu erklären und folglich tatsächlich neuartige emotionale Zustände hervorzurufen, die zuvor nicht existierten.[207] Dabei ist anzumerken, dass aufgrund soziokultureller Darstellungs- und Gefühlsregeln, oder aber aufgrund strategischer Überlegung, emotionale Reaktionen jedoch meist hoch-

---

[203] vgl. ebda.
[204] vgl. Scherer & Zentner (2001), S. 371
[205] vgl. Ekman et al. (1983), zitiert nach Scherer & Zentner (2001), S. 371
[206] vgl. Scherer & Zentner (2001), S. 371, vgl. McIntosh (1996): *Facial Feedback Hypothesis*
[207] vgl. Scherer & Zentner (2001), S. 371

gradig kontrolliert oder reguliert sind.[208] Je nach Kulturkreis, tritt diese Regulierung beispielsweise zwischen das emotionale Bedürfnis nach der Musik im iPod zu tanzen und dem tatsächlichen lostanzen in der Fußgängerzone. Eine Verärgerung über gewisse Umstände führt in manchen Kulturkreisen zu heftigen Disputen zwischen zwei Menschen, in anderen Kulturkreisen hingegen, gilt es als unhöflich, emotionale Reaktionen nach außen zu tragen. Ein sehr interessanter Effekt von Musik, von dem allerdings eher anekdotisch als empirisch fundiert berichtet wird, scheint der Verlust dieser kontrollierenden und regulierenden Effekte zu sein.[209] Dieser Effekt mag teilweise aufgrund ähnlicher Ansteckungsvorgänge geschehen, wie sie hier beschrieben werden. Wenn eine bereits existierende Tendenz bezüglich eines bestimmten körperlich-motorischen Ausdrucks sowie physiologische Reaktionen von einer externen Stimulierung bekräftigt und verstärkt werden, ist es sehr viel schwieriger, Affekte zu kontrollieren. Als emotionales Erlebnis äußert sich dieses Phänomen beispielsweise auf Tanzflächen, die mit elektronischer Tanzmusik beschallt werden. Die gleichmäßigen rhythmischen Strukturen werden zum einen durch synchronisierte tieffrequente Klänge angereichert und stehen zum anderen prominent im Vordergrund der Klangmischung. Immer wieder beschreiben Personen dabei die Erfahrung, das Gefühl gehabt zu haben, eins mit der Masse gewesen zu sein. Die kollektive synchrone Bewegung zum Rhythmus der Musik kann über die Möglichkeit verfügen, mittels propriozeptiven feedbacks, initiiert durch körperlich-motorischen Ausdruck, ein emotionales Erleben zu evozieren.

Zusammenfassend kann Folgendes festgehalten werden:

- o Produkte, die keine Emotionen auslösen, sind für das Hirn wertlos.[210]
- o Beim Vorgang der *Evaluation* (ZNS-Pfad) wird ein akustisches Ereignis hinsichtlich verschiedener Kriterien bewertet. Das Ergebnis dieser Bewertung ruft dann die entsprechende Emotion hervor.

---

[208] vgl. ebda., S. 372
[209] vgl. Scherer & Zentner (2001), S. 372
[210] Vgl. Häusel (2010), S. 14

- Evaluationsvorgänge laufen auf *rudimentärer* und *automatisierter Art* auf den unteren Ebenen des ZNS, hauptsächlich im limbischen System, ab.
- Das limbische System ist unter anderem für emotionale Vorgänge zuständig und steuert endokrine Reaktionen in Hypothalamus und Hirnstamm an.
- Hinter dem Pfad der *Gedächtnisrepräsentation* (*Imagination*, ZNS-Pfad) steht die Überlegung, dass expressive und physiologische Reaktionsmuster eines emotional bedeutsamen Ereignisses im Gedächtnis zusammen mit eigenen Erlebnissen abgespeichert werden und die Erinnerung an das Erlebnis dann vergleichbare Emotionen reproduzieren kann (*Darling-they-are-playing-our-tune-Phenomenon*).[211]
- Bei dem Pfad der *Empathie* (ZNS-Pfad) werden Emotionen durch das Beobachten einer emotional bedeutsamen Erfahrung regelrecht mitgefühlt (Film Effekt). Dasselbe kann auch bei der Beobachtung einer emotionalen Darbietung eines Musikstückes passieren (Empathie mit dem emotionalen Erleben des Interpreten).
- Der Pfad des *Propriozeptiven Feedback* (ANS-Pfad) baut auf der Annahme auf, dass subjektive Emotionen durch starken oder hemmungslosen motorischen Ausdruck produziert werden können. Damit kann ein zunehmender Verlust der *Kontrollierbarkeit* von Affekten einher gehen.

4.1.5 Musikalische Erwartung und Emotion

Der Zusammenhang von *musikalischer Erwartung* und *Emotion* wurde über die Betrachtung der Emotionstheorie von MANDLER (1979) bereits angesprochen: Die Unterbrechung von Handlungsabläufen führt zu einer Aktivierung des Autonomen Nervensystems, wodurch, wie oben beschrieben, emotionale Reaktionen hervorgerufen werden können (vgl. Kapitel 3.1.1.1.). Das Ausmaß der Aktivierung bestimmt die Stärke der Emotion, die Qualität der Emotionen wird durch die kognitive Bewertung, also einer Evaluation, der Unterbrechung bestimmt. LEONARD B. MEYER (1956) stellte hierzu ebenfalls eine Theorie auf, die besagt, dass wir beim Hören von Musik perma-

---

[211] vgl. Lang (1979); vgl. Lang et al. (1980), zitiert nach Scherer & Zentner (2001), S. 369

nent Erwartungen etablieren, dahingehend, wie die Musik wohl weitergehen wird.[212] Die Bestätigung der Erwartung oder die Verletzung der Erwartung führt dann zu emotionalen Reaktionen. Die Verletzung führt beispielsweise zu Emotionen wie Überraschung oder einem Anstieg von Spannung. Die Bestätigung der Erwartung führt zum Beispiel zur Entspannung. Dies geschieht oft weder bewusst noch intendiert.[213] An dieser Stelle soll das Phänomen nun aus Sicht der Neurowissenschaft beleuchtet werden.

Eine erste Erkenntnis der Neurowissenschaft hierzu ist, dass es einen Zusammenhang zwischen der *musiksyntaktischen Regularität* eines Stimulus und der Aktivität in der *Amygdala*, eine der Kernstrukturen emotionaler Verarbeitung im Gehirn und Teil des limbischen Systems, zu geben scheint. Die Amygdala ist eine Struktur, die eine wichtige Rolle in der Initiierung, Detektion und des Aufrechterhaltens von Emotionen, die für das Überleben eines Individuums und der Spezies als besonders wichtig gelten, spielt.[214] Erkenntnisse hierzu gibt es unter anderem aus einer Studie des Musikpsychologen STEFAN KOELSCH (et al. 2008) an der FU Berlin.[215] Es wurde anhand der Untersuchungsergebnisse gezeigt, dass beispielsweise unterschiedlich erwartete Akkordfolgen auch unterschiedliche Aktivierungen in der Amygdala bewirken.

Versuchspersonen wurde hierzu ein Ausschnitt einer Klaviersonate von Ludwig van Beethoven in drei Versionen vorgespielt. Eine originale Version, bei der die Akkorde am Ende leiterfremde Töne enthalten und die Akkorde somit etwas weniger regulär, also etwas weniger erwartet, sind. Zum Vergleich wurde eine weitere Version erstellt, in der aus den tonleiterfremden Tönen des Originals, leitereigene Töne gemacht wurden. Somit hört sich diese Version etwas erwarteter an. Die Modulation selbst wurde elektronisch vorgenommen. In Hinblick auf Dynamik und Agogik sind also beide Versionen exakt identisch. Das einzige, was die beiden Versionen voneinander unterscheidet ist die musiksyntaktische Regularität und damit die Erwartung eines bestimm-

---

[212] vgl. Meyer (2001)
[213] vgl. Koelsch (2011)
[214] vgl. Koelsch (2011), vgl. Koelsch S, Kilches S, Steinbeis N, Schelinski S (2008)
[215] vgl. Koelsch S., Kilches S., Steinbeis N., Schelinski S. (2008)

ten musikalischen Ereignisses – man kann in diesem Zusammenhang auch von *Erwartetheit* sprechen.[216]

Zusätzlich wurde zur Kontrolle eine dritte Version derart moduliert, dass die entsprechenden Akkorde sehr irregulär auftreten. Diese Akkorde der dritten Version sind interessanterweise normale Dur-Akkorde, für sich genommen also sehr gewöhnliche Akkorde mit gewohntem Klang. Der *musikalische Kontext* jedoch lässt sie hier erst merkwürdig klingen.[217]

Es ließen sich folgende Befunde als eindeutig empirisch abgesichert feststellen: Musiksyntaktisch irreguläre Ereignisse haben emotionale Effekte hinsichtlich

1. des subjektiven Empfindens (behaviorale Daten)
2. Aktivitätsänderungen in der Amygdala (MRT Daten)
3. Änderungen der physiologischen Erregung (elektrodermale Daten)

Dies war das erste Mal, dass eine Theorie, wie Musik Emotionen evozieren kann, tatsächlich empirisch getestet wurde und dass ein emotionaler Effekt einer spezifischen musikalischen Manipulation in einer Gehirnstruktur lokalisiert wurde.

Es gibt außerdem Anhaltspunkte zu glauben, dass diese Effekte dynamischen Veränderungen unterworfen sind: In mehreren Studien wurde gezeigt, dass Musik umso mehr gemocht wird, desto öfter sie gehört wird.[218] Ursächlich hierfür soll sein, dass bestimmte Muster vorhersehbarer werden und Musik daher differenzierter wahrgenommen werden kann; das Phänomen findet sich in der Sozialpsychologie als *Mere-Exposure Effekt* wieder: Grundsätzlich besagt dieser Effekt, dass wir Reize bevorzugen, denen wir bereits häufiger begegnet sind.[219] Dieser Effekt lässt sich, im Rückgriff auf die Besprechung symbolischer Gedächtnismodelle, auch über das Unvermögen, neuartige Reize in bestehende Strukturen integrieren zu können, erklären.

---

[216] vgl. Koelsch (2011)
[217] vgl. ebda.
[218] vgl. Forschungsbericht v. Uplawski (o.J.)
[219] vgl. Zajonc (1968)

Die Wiederholung eines akustischen Reizes, in Form eines musikalischen Stückes beispielsweise, kann also zu Änderungen in der wahrgenommenen Komplexität eines Stückes führen: Ein Stück mit zunehmenden Wiederholungen immer vorhersehbarer, was sich auf die emotionale Bewertung des Stückes auswirkt.[220] Dabei gibt es ein optimales Mittel aus *Affektiver Präferenz* und *wahrgenommener Komplexität* des Stückes – zu wenig oder zu viel wahrgenommene Komplexität beeinflussen die affektive Präferenz jeweils negativ.[221] Ein Stück kann also auch ‚totgehört' werden. Einige Studien haben diesen Effekt insbesondere für bekannte Popsongs festgestellt.[222] Das stetige Wiederholen akustischer Reize in der Werbung ist jedoch wichtig, um die Inhalte im Gedächtnis des Konsumenten zu verfestigen. Deshalb wird Werbemusik auch immer auf ihre Wiederholbarkeit überprüft – dabei darf es nicht zu negativen Konnotationen kommen.[223]

4.1.6 Multisensuale Wahrnehmung

Wie vorhin bereits angesprochen, kommt es bei der Markenkommunikation besonders darauf an, verschiedene Kommunikationselemente mit gleicher Informationsrichtung zu entwerfen. Die Markenkommunikation sucht sich ihren Weg zum Konsumenten dabei über verschiedene Wege, wobei die entsprechenden Kommunikationsinstrumente unterschiedliche Sinnesmodalitäten verwenden. In der Werbung beispielsweise kann man zwischen *visuellen* (z.B. Plakat), *audiovisuellen* (z.B. TV-Spot) und *akustischen* Medien (z.B. Rundfunk-Spot) unterscheiden.[224] Die Informationsverarbeitung der akustischen Sinnesmodalität wirkt nie alleine, sondern immer kooperativ mit anderen Sinnesmodalitäten.[225]

Um bestimmte Werte einer Marke zu kommunizieren, werden in der Markenkommunikation deshalb visuelle Inhalte entweder direkt oder indirekt in die akustische

---

[220] vgl. Krugman (1943); vgl. Smith & Cuddy (1986), zitiert nach Bruner (1990), S. 98
[221] vgl. ebda.
[222] vgl. Russell (1987), zitiert nach Bruner (1990), S. 101
[223] vgl. Rötter (2004), S. 332
[224] vgl. Roth (2005), S. 108
[225] vgl. ebda., S. 58

Modalität transferiert.[226] Ein Beispiel für den *direkten Transfer* findet sich bei Obstgarten: Aufgrund der Schwere einer Mahlzeit bricht im Fernsehspot ein Mann durch die Decke. Das Geräusch des Durchbrechens ließ sich in das Radio direkt transferieren. Das visuelle Schlüsselbild des durchbrechenden Mannes ließ sich durch die Wiedergabe des akustischen Reizes über das Medium Radio aktivieren.[227] Die gleichen Wirkungsmechanismen werden auch beim *indirekten Transfer* erwartet – so kann zum Beispiel die Musik des TV-Spots in der Radiowerbung genutzt werden.[228] Es zeigte sich bei Untersuchungen zu diesem konkreten Beispiel, dass sowohl das Markenversprechen, also auch die Einstellung zur Werbung und die Kaufabsicht von Konsumenten, die beides, Radio und TV-Spot, gesehen haben, vergleichbar sind mit jenen Probanden, die den TV-Spot zweimal gesehen haben.[229]

Durch das Ansprechen mehrerer Sinnesorgane, durch die multisensuale Repräsentation gleicher Inhalte, hier durch visuelle und akustische Reize, wird die Information potenziert übermittelt, also der *Erinnerungswert* deutlich gesteigert.[230] Akustische Reize werden neben sprachlichen und visuellen Bildern hierzu am häufigsten eingesetzt.[231] Natürlichkeit lässt sich beispielsweise visuell durch eine blühende Wiese vermitteln, kann aber auch akustische Elemente, wie Vogelgezwitscher, enthalten.[232]

Dieser verdoppelnde Charakter von Musik, insbesondere von Musik, die in der Vorstellung der Konsumenten bereits eine bestimmbare Bedeutung hat, wird vor allem dazu genutzt, das Image einer Ware besonders zu betonen.[233] Zur Erklärung lässt sich auf die multimodale, bzw. symbolische, Gedächtnistheorie zurückgreifen: Weisen der visuelle und der akustische Input auf verschiedene Konzepte hin, werden am Ende des Informationsverarbeitungsprozesses zwei unterschiedliche Konzepte aktiviert. Ergänzen sich die Bedeutungen jedoch, wird die Aktivierung des gemeinsamen Konzepts

---

[226] vgl. Esch (1993), S. 25, zitiert nach Roth (2005), S. 108
[227] vgl. Roth (2005), S. 108
[228] vgl. Esch (1993), S. 25; vgl. Kroeber-Riel & Esch (2000), S. 122, zitiert nach Roth (2005), S. 10
[229] vgl. Edell & Keller (1989), S. 61, zitiert nach Roth (2005), S. 108/109
[230] vgl. De la Motte-Haber (1985), S. 240-248
[231] vgl. Kroeber-Riel (1996), S. 44, zitiert nach Roth (2005), S. 107
[232] vgl. ebda.
[233] vgl. De la Motte-Haber (1985), S. 242

durch die Bedeutungsähnlichkeit der Inputs verstärkt.[234] Die Erkenntnisse aus der Schematheorie bestätigen diese Annahme: Wird eine Markeneigenschaft visuell und akustisch dargeboten, ist sie leichter zu interpretieren und fördert somit eine Vertiefung des Schemas – der Grund hierfür ist die zusätzliche Wiederholung (auch wenn es eine Wiederholung innerhalb einer anderen Sinnesmodalität ist), die das Erlernen fördert.[235]

Wie in Kapitel 3.2.3. bereits angesprochen, werden die akustischen Reize in der Wahrnehmung auch im Sinne des Schemas und der dahinterstehenden Wissensstrukturen interpretiert.[236] VINOVICH (1975) hat hierzu in einer Reihe von Studien die kommunikative Beziehung zwischen der Information, die durch einen Ausschnitt eines Kino-Dramas vermittelt wird und der entsprechenden Filmmusik untersucht. Die Ergebnisse ließen die Vermutung zu, dass unterschiedliche musikalische Stimmungen auch unterschiedliche Interpretationen desselben Video Stimulus hervorriefen.[237] Dies erklärten die Forscher damit, dass die Versuchspersonen einen vieldeutigen Videostimulus mit einer vorhersehbaren kognitiven Interpretation in Verbindung bringen, die logischerweise mit dem Gefühl korrespondiert, das von der Musik erzeugt wird, um die eigene emotionale Reaktion zu rechtfertigen.[238]

Eine ähnliche Studie wurde von ANDREA BECKMANN (1995) durchgeführt, in der sie die Verfolgungsszene in dem Hitchcock Klassiker Psycho mit beruhigender Klaviermusik unterlegte und die emotionale Wirkung mit der Originalversion und einer stummen Version verglich.[239] Mit der beruhigenden Klaviermusik im Hintergrund wirkte die aufgeregte Frau nun nachdenklich auf die Probanden und die Filmszene im gesamten wirkte eher ruhig und langweilig.[240]

---

[234] vgl. Engelkamp (1991), S. 113, zitiert nach Roth (2005), S. 108
[235] vgl. Roth (2005), S. 108
[236] vgl. ebda., S. 71
[237] vgl. Vinovich (1975), zitiert nach Bruner (1990), S. 98
[238] vgl. ebda.
[239] vgl. Beckmann (1995), zitiert nach Rötter (2004), S. 281
[240] vgl ebda.

4.1.7 Glück versus Freude

Bei einer Vielzahl von neurowissenschaftlichen Studien zum Themenkomplex Musik und Emotion, die bildgebende Verfahren einsetzen, wird eine erhöhte Hippocampusaktivität festgestellt.[241] Diese Hippocampusaktivierungen werden meist mit Gedächtnisleistungen in Verbindung gebracht. Wie oben bereits beschrieben wurde ja auch ein Zusammenhang zwischen musikinduzierter Stimmung und Erinnerungsleistungen festgestellt.[242] Doch der Hippocampus hat auch etwas mit konkreten Emotionen zu tun. Diese Rolle des Hippocampus für Emotionen ist nicht neu – vor einigen Jahrzenten haben Wissenschaftler wie JAMES PAPEZ oder PAUL MCLEAN dies schon untersucht und beschrieben. Die Hypothese lautet: Der Hippocampus spielt eine Rolle für bindungsbezogene Emotionen (*attachment related emotions*), also Emotionen, die beim Etablieren und Aufrechterhalten sozialer Bindungen eine Rolle spielen. Diese werden subjektiv als Freude, Liebe oder Glück empfunden (*tender positive emotions*).[243]

Das Besondere an der Hippocampusformation ist dabei, dass Nervenzellen dort zwar absterben können, sich aber auch neu generieren lassen: Es wurde z.B. beobachtet, dass wenn ein Individuum stark traumatisiert wird (z.B. durch sexuellen Missbrauch oder das Erleben extremer Gewalt) Nervenzellen im Hippocampus absterben. Der Hippocampus ist die einzige Hirnstruktur, in der Nervenzellen bei extrem anhaltenden Stress und extremer emotionaler Belastung absterben können. Es können allerdings auch neue Neuronen generiert werden, die die abgestorbenen Zellen ersetzen können. Bei extrem chronischem Stress wird jedoch auch diese Neurogenese reduziert. Man kann feststellen, dass bei Kriegsveteranen oder Menschen, die in ihrer Kindheit sexuell missbraucht wurden, die Hippocampusformation volumenmäßig kleiner ist, als bei Kontrollprobanden.[244] Ähnliche Volumenänderungen lassen sich auch bei chronischer Verzweiflung und Hilflosigkeit beobachten.[245]

---

[241] vgl. Koelsch et al. (2006), vgl. Blood & Zatorre (2001), vgl. Mitterschiffthaler et al. (2007)
[242] vgl. Martin & Metha (1997), vgl. Balch et al. (1999), zitiert nach Scherer & Zentner (2001), S. 373
[243] vgl. Koelsch (2011)
[244] vgl. ebda.
[245] vgl. ebda.

Dass Aktivität in der Hippocampusformation durch Musik moduliert werden kann, hat somit weitreichende Auswirkungen auf musiktherapeutische Anwendungen. Gerade bei solchen Patienten, die an Krankheiten leiden, die mit strukturellen Abweichungen in der Hippocampusformation assoziiert sind, wie Depression oder posttraumatischen Belastungssyndromen, kann die Funktion der Hippocampusformation durch Musik wieder reanimiert werden und möglicherweise auch die Neurogenese wieder stimuliert werden.[246] Das sind jedoch noch Hypothesen, zu denen es noch keine systematische Forschung gibt. Die FU Berlin hat hierzu Forschungsprojekte begonnen.[247]

Was ist jedoch der Unterschied zwischen Emotionen, die im Hippocampus verordnet sind (Liebe, Glück) und Emotionen, die im Belohnungssystem entstehen (Spaß)? Der erste wichtige Unterschied ist, dass Spaß käuflich ist. Bindungsbezogene Emotionen wie Liebe und Glück hingegen kann man nicht kaufen. Oftmals wird die Auffassung vertreten, dass die Aktivierung des Belohnungspfades, also *Spaß*, gleichzusetzen sei mit *Glück*. Sollte dem so sein, könnte Glück ge- und verkauft werden. Es ist also gefährlich, wenn Aktivitäten des Belohnungssystems bereits als Glück bezeichnet werden. Es ist dabei natürlich nicht ausgeschlossen, dass Glück auch Spaß machen kann.[248] Der zweite wichtige Grund ist der der Sättigung. Emotionen des Belohnungspfades (Spaß) können relativ schnell sättigen.[249] Bei Musik und Emotionen mit Beteiligung des Hippocampus ist das nicht so.[250]

Zusammenfassend kann Folgendes festgehalten werden:

- o Es besteht ein Zusammenhang zwischen der sogenannten *Erwartetheit* (musiksyntaktische Regularität) eines musikalischen Stimulus und Aktivitäten in der *Amygdala*.
- o Es besteht ein Zusammenhang von Affektiver Präferenz und wahrgenommener Komplexität eines Stücken: Umso bekannter ein Musikstück wird, desto erwar-

---

[246] vgl. Koelsch (2011)
[247] vgl. ebda.
[248] vgl. ebda.
[249] vgl. ebda.
[250] vgl. ebda.

teter wird es. Umso erwarteter es ist, desto mehr wird es gemocht (*Mere-Exposure Effect*).

- o Es ergibt sich ein *optimales Mittel* aus affektiver Präferenz und wahrgenommener Komplexität. Ein Stück kann auch ‚*totgehört*' werden.
- o Um bestimmte Werte einer Marke zu kommunizieren, werden in der Markenkommunikation visuelle Inhalte entweder *direkt* oder *indirekt* in die akustische Modalität *transferiert*.
- o Durch die multisensuale Repräsentation gleicher Inhalte wird die Information potenziert übermittelt und der Erinnerungswert gesteigert.
- o Akustische und visuelle Reize beeinflussen sich bei der multisensualen Wahrnehmung in ihrer *Interpretation* wechselseitig.
- o Die Hippocampusformation spielt eine wichtige Rolle für bindungsbezogene Emotionen (*attachment related emotions*).
- o Die Hippocampusformation ist zur *Neurogenese* fähig.
- o *Spaß* und *Freude* sind ihrer Entstehung mit dem Belohnungszentrum im Gehirn assoziiert. Sie können die Grenze der Sättigung erreichen.
- o *Glück* ist in der Entstehung mit der Hippocampusformation assoziiert. Glück kennt keine Sättigung.

4.2 Gefallen und Anziehungskraft

Ein weiterer Aspekt, der bei der Vermittlung und Evokation von Emotionen durch Musik eine Rolle spielt ist der Aspekt von *Valenz* und *Anziehungskraft*. Ein erster wichtiger Punkt, wenngleich er banal erscheint, ist, dass ein Zusammenhang zwischen den klangbezogenen Elementen eines akustischen Reizes und seiner Anziehungskraft besteht.[251] Außerdem besteht ein Zusammenhang zwischen dem Gefallen eines Stückes und der emotionalen Ausdruckskraft eines Stückes.[252] Innerhalb eines gewissen kulturellen Bezugsrahmens lassen sich hierbei Ähnlichkeiten zwischen Personengruppen feststellen. Grundsätzlich konnte festgestellt werden, dass Musik, die bei

---

[251] vgl. Kellaris & Kent (1991), zitiert nach Roth (2005), S. 118
[252] vgl. Roth (2005), S. 121

Probanden wenig oder kein Gefallen findet, die generellen Affekte bei den Rezipienten beeinträchtigt und es allgemein zu einem geringeren *Ausmaß* an emotionalen Reaktionen kommt.[253]

Die *Anziehungskraft* zeichnet sich vor allem in Abhängigkeit der zwei Dimensionen *Modus* und *Tempo* ab: Dur-Tonarten werden generell als anziehender empfunden als Moll-Tonarten, atonale Musik hingegen wirkt am wenigsten anziehend.[254] Dieser Zusammenhang lässt sich auch auf die zeitbezogenen Komponenten von Musik ausweiten: Ein moderates Tempo wird bei Dur-Tonarten als anziehender empfunden, als ein schnelles oder langsames Tempo bei gleicher Tonart.[255] Für Dur-Tonarten zeichnet sich ein Verlauf zwischen Gefallen und Tempo ab, der einem invertierten u entspricht, Moll- und atonale Tonarten gefallen dahingegen eher bei schnellerem Tempo.[256]

4.3 Verbindungen zwischen sprachlicher und musikalischer Melodik

Die Informationsverarbeitung akustischer Reize teilt sich, aufbauend auf der uns heute bekannten Aufgabenverteilung zwischen den Hemisphären, in einen Bereich mit sprachbezogenen Lauten und einen anderen mit nonverbalen Reizen auf. Hierzu müssen jeweils unterschiedliche Erklärungsansätze herangezogen werden.[257] Die rein sprachlichen Komponenten akustischer Reize sind deshalb hier ausgenommen.

Es ergibt sich jedoch zwangsläufig die Frage, wie es sich vor diesem Hintergrund mit Musik die Gesang beinhaltet verhält. ROEHM (2001) hat beispielsweise festgestellt, dass eine instrumental eingespielte Version eines bekannten Stückes von Probanden schneller wiedererkannt wird, als eine vokale Version.[258] Anderseits benötigen Konsumenten bei unbekannten Stücken oftmals vokale Strukturen und Text um sich

---

[253] vgl. Stout & Rust (1986); vgl. Stewart et al. (1990), S. 41, zitiert nach Roth (2005), S. 121
[254] vgl. Roth (2005), S. 118
[255] vgl. ebda.
[256] vgl. Kellaris & Kent (1991), S. 246 f., zitiert nach Roth (2005), S. 118
[257] vgl. Roth (2005), S. 53, 58
[258] vgl. Roehm (2001), zitiert nach Rötter (2004), S. 331

orientieren zu können und Melodien erkennen zu können.[259] Deshalb werden Werbemelodien oftmals zunächst mit Text eingeführt (sogenannte Jingles), bevor sie dann nach einiger Zeit instrumental verwendet werden können.

Geht es nicht um die Vermittlung von Inhalten, wie im eben beschriebenen Beispiel, sondern um die Vermittlung von Emotionen, haben Studien gezeigt, dass ein nonverbaler akustischer Reiz dazu führt, dass vor allem nonverbale Inhalte, wie beispielsweise Emotionen, zum verknüpften Objekt aktiviert werden.[260] Dies kann insbesondere bei einer emotionalen Markenpositionierung von Vorteil sein.[261] Andere Studien haben gezeigt, dass nonverbal-akustische Auslösereize Episoden im Gedächtnis auslösen, die als besonders lebendig und emotional beschrieben werden – sie können also ein recht lebendiges *inneres Bild* hervorrufen.[262]

Musikhistorisch kann die Stimme jedoch als das erste Instrument überhaupt gesehen werden. Man könnte also behaupten, dass die älteste musikalische Sozialisation, mit der die Menschen in Berührung sind, an der Stimme festzumachen ist. Am musikalischen Aspekt der Melodik wurde auch tatsächlich herausgefunden, dass es zwischen sprachlicher und musikalischer Melodik enge Verbindungen gibt, über welche sich zumindest sogenannte Grundgefühle (*Freude, Trauer, Furcht, Zorn,* aber auch *Überraschung und Interesse*, die in der Emotionspsychologie nicht zu den Grundgefühlen zählen) mit gemeinsamen Charakteristika musikalischer und sprachlicher Melodik (*Frequenzniveau, Streubreite, Variabilität, Lautstärke, Tempo*) in Verbindung bringen lassen.[263] KLAUS SCHERER (1982) ist dieser Idee nachgegangen und konnte tatsächlich eine große Ähnlichkeit zwischen Sprechmelodik und muskalischer Melodik feststellen, die inzwischen auch empirisch abgesichert ist.[264] Im Folgenden sollen seine Ergebnisse in einer Übersicht kurz vorgestellt werden.

---

[259] vgl. ebda.
[260] vgl. Stewart et al. (1990), S. 47, zitiert nach Roth (2005), S. 104
[261] vgl. Kroeber-Riel & Esch (2000), S. 79, zitiert nach Roth (2005), S. 104
[262] vgl. Baumgartner (1992), S. 618 f., zitiert nach Roth (2005), S. 104
[263] vgl. Rötter (2004), S. 300
[264] vgl. Scherer (1982), vgl. Juslin & Laukka (2003), zitiert nach Rötter (2004), S. 300

Die *Freude*, als erstes Beispiel, ist eines der fundamentalsten Gefühle des Menschen. Hierzu gehört eine mittlere unregelmäßige Aktivierung, die der Aktivierung beim Lachen ähnelt. Hohe Frequenz, große Variabilität, hohe Lautstärke und hohes Sprechtempo kennzeichnen die Freude in der Sprechmelodik. In der musikalischen Melodik verhält sich dies ganz ähnlich. Tatsächlich sind große Intervalle in der Musik oft verwendet worden, um das Gefühl der Freude darzustellen.[265]

Typisch für die *Trauer* in der Sprache sind eine niedrige Frequenz, sowie eine enge Streuweite, wenig Lautstärke, tendenziell langsameres Sprechtempo und eine geringe Variabilität der gesprochenen Worte.[266] Oft findet sich eine kleinschrittige, fallende Melodik mit wenig Lautstärke als Pendant in der Musik dazu. Außerdem gehören eine geringe Aktivierung und eine gewisse Stetigkeit zur Trauer. Letzteres wird in der Musik oft durch einen durchgehenden gleichförmigen Rhythmus umgesetzt, wie beispielsweise beim Trauermarsch.[267]

Furcht zeigt sich mit einer hohen Frequenz, ausgeprägter Streuweite, großer Variabilität und hohem Sprechtempo als Gefühl in der Sprache.[268] In der Musik wird Furcht durch bedrohliche Hinweisreize, durch Fremdheit, Höhe und Undurchschaubarkeit einer Situation ausgelöst. Von allen Emotionen erzeugt die Furcht die größte Aktivierung. Sie entsteht außerdem augenblicklich.[269]

Ähnlich der Freude, wird auch der *Zorn* in der Sprache mit hoher Sprechfrequenz, hoher Streuweite, großer Variabilität und schnellem Tempo moduliert.[270] Insbesondere im Genre der U.S.-amerikanischen Rap-Musik ist dies in Verbindung mit den oft *zornigen* Texten über soziale Missstände und gesellschaftliche Ungleichheiten besonders anschaulich, und auf beiden Ebenen gleichzeitig, zu beobachten.

Es werden nun zwei Ausdruckserscheinungen folgen, die sich über das vorliegende System der Parallelen zwischen sprachlicher und musikalischer Melodik zwar beschrei-

---

[265] vgl. Scherer (1982), zitiert nach Rötter (2004), S. 300
[266] vgl. ebda., S. 301
[267] vgl. ebda., S. 302
[268] vgl. ebda.
[269] vgl. ebda.
[270] vgl. ebda.

ben lassen, in der Emotionspsychologie klassischerweise jedoch nicht zu den sogenannten Grundgefühlen zählen.

Die Aktivierung, die mit der *Überraschung* einhergeht, tritt ähnlich spontan auf wie bei der Furcht und motiviert ebenfalls für künftige Handlungen. Für das Moment der Überraschung typisch ist eine gewisse Gedankenleere. Als musikalisches Pendant hierzu ließe sich beispielsweise die Generalpause nennen.[271] Gleichzeitig gehört ein gewisser Erwartungsbruch zum Empfinden der Überraschung. Hierzu haben Studien mit bildgebenden Verfahren Aktivierungen in der Amygdala gezeigt, wie oben bereits beschrieben wurde.[272]

Möchte man das Phänomen *Interesse* erklären, lässt sich dies am besten anhand der Betrachtung von Interesse als Verknüpfung von Gefühlen und Motivation anstellen.[273] Der Unterschied zur Überraschung besteht vor allem im Beteiligtsein und der Erwartung eines nächsten Ereignisses, ohne dass dieses, oder ein größeres Ziel, klar erkennbar wäre.[274] Musikalisch wird dies, vor allem in Filmkompositionen, oft durch die Wiederholung kleingliedriger, rhythmisch akzentuierter Muster in nicht zu hohem Tempo erreicht, wobei eine thematische Entfaltung ausbleibt.[275] Passende Beispiele wären der Vorspann zu Alfred Hitchcocks *Psycho* oder die Attentatszene im Film *Spiel mir das Lied vom Tod*. In der Darstellung von Interesse finden sich der Ausdruck von Wechsel, Neuheit, leichter Spannung und Unabgeschlossenheit wieder.[276] Das besondere Differenzierungsmerkmal des Interesses gegenüber den anderen Emotionen besteht darin, dass es als Fundament verstanden werden kann, auf dem andere Gefühle dann aufbauen.[277]

Zusammenfassend kann Folgendes festgehalten werden:

- o   Es besteht eine positive Korrelation zwischen *Valenz* und *Anziehungskraft* eines Stückes. Dies ist besonders von den Dimensionen *Modus* und *Tempo* abhängig.

---

[271] vgl. Scherer (1982), zitiert nach Rötter (2004), S. 303
[272] vgl. Koelsch et al. (2008)
[273] vgl. Scherer (1982), zitiert nach Rötter (2004), S. 303
[274] vgl. ebda.
[275] vgl. ebda.
[276] vgl. ebda.
[277] vgl. ebda.

- Für *sprachbezogene Laute* müssen andere Erklärungsansätze herangezogen werden, als für nonverbale akustische Reize.

- Eine *instrumentale Version* wird schneller wiedererkannt als die *vokale Version* desselben Stückes.

- Nonverbale Reize eignen sich besonders, um *nonverbale Inhalte* (Emotionen) zu aktivieren.

- Betrachtet man Sprache unter dem Aspekt der Melodik, zeigen sich enge Verbindungen zwischen sprachlicher und musikalischer Melodik mit gemeinsamen Charakteristika, die mit Grundgefühlen (Freude, Trauer, Furcht, Zorn, Überraschung, Interesse) in Verbindung gebracht werden können.

Um den Gedankengang im Folgenden auf die Betrachtung spezifischer musikalischer Gestaltungsparameter und deren emotionale Wirkung zu verengen, soll an dieser Stelle versucht werden, das zu verarbeitende Material, die akustischen Reize, genauer zu kategorisieren und somit zu definieren.

4.4 Kategorisierung von akustischen Reizen

Eine erste Betrachtungsebene bezieht sich auf die menschliche Wahrnehmung akustischer Ereignisse aus physikalischer Sicht. Diese Sichtweise ist insbesondere deshalb wichtig, weil sie den grundlegenden Unterschied zwischen *reinen Tönen* und *Klängen und Geräuschen* erklärt. Aus physikalischer Sicht ist ein akustischer Reiz zunächst einfach nur hörbarer Schall, der aus mechanischen Schwingungen einer Frequenz zwischen ca. 20 bis 18 000 Hz besteht und über ein elastisches Medium, wie zum Beispiel Luft oder Wasser, übertragen wird. Diese Schwingungen sind durch die Charakteristika Frequenz, Amplitude und Phasenlage gekennzeichnet. Letztere hat keine Entsprechung in der menschlichen Wahrnehmung.[278] Die Frequenz entspricht

---

[278] Da Schallwellen interferieren (sie können sich beispielsweise auch teilweise auslöschen), werden Effekte der physikalischen Natur von Schallwellen (Phasenlage) zwar in ihrem Zusammenspiel und anhand Modellvorstellungen beobachtet – direkt primär wahrgenommen im eigentlichen Sinne, können sie jedoch nicht.

der Tonhöhenwahrnehmung, die Amplitude der Wahrnehmung der Lautstärke.[279] Folgende Gruppen von akustischen Reizen lassen sich aus physikalischer Sicht bilden: *Reine Töne*, i.e. die hörbare Schwingung einer Frequenz, wie sie sich mit Computern oder Oszillatoren erzeugen lassen, oder aber *Klänge und Geräusche*. Letztere entstehen in der Wahrnehmung aus dem Zusammenklang mehrerer Frequenzen zu einem Klang mit bestimmter Klangfarbe (je nach Obertonspektrum).

Die inhaltliche Klassifikationsebene ist hinsichtlich der Funktionalität akustischer Reize in der Markenkommunikation jedoch die vielversprechendste Perspektive: Diese Betrachtungsebene knüpft an den Bedeutungen an die durch akustische Reize kommuniziert werden sollen.[280] Inhaltlich lassen sich zwei Kategorien unterscheiden:[281]

1. Geräusche und Töne mit natürlicher Bedeutung (z.B. Vogelgezwitscher, das Knistern von Papier, das Tropfen eines Wasserhahns).
2. Geräusche und Töne mit metaphorischer (erworbener) Bedeutung (z.B. Tonfolgen, also Melodien oder Intervalle, als Metapher für einen Wasserfall im Gegensatz zum natürlichen Klang eines Wasserfalls).

Mit Rückgriff auf die besprochenen symbolischen Gedächtnismodelle, und auch als Ausblick auf die kommenden Kapitel, deutet diese zweiteilige Kategorisierung auf die Repräsentation *konkreter* Wissensinhalte (Kategorie 1, v.a. darstellbar in semantischen Netzwerken) und *abstrakten* Wissensinhalten (Kategorie 2, v.a. in Schemata darstellbar) deren Bedeutungen erlernt und assoziiert werden, hin.

Für den vorliegenden Fall, indem musikalische Strukturen und Klänge *funktional* verwendet werden, ist vor allem das gestalterische Moment von entscheidender Bedeutung, das dann auf die inhaltliche Klassifikationsebene verweist. Die musikalischen Gestaltungsparameter, die dieser funktionalen Gestaltung zugrunde liegen, werden im Folgenden kategorisiert und näher bestimmt.

---

[279] vgl. Jourdain (2001), S. 14; Platig (1997), S. 666, zitiert nach Roth (2005), S. 95
[280] vgl. Roth (2005), S. 98
[281] vgl. Roth (2005), S. 98, in Anlehnung an Kroeber-Riel (1996), S. 44

4.5 Musikalische Reize und emotionaler Ausdruck

Zunächst ist es sinnvoll, bei akustischen Reizen die Gestaltungsparameter eines einzelnen Tons von denjenigen der Musik zu unterscheiden.[282] Bei der Gestaltung von Tönen ergeben sich hier die gestalterischen Dimensionen Lautstärke (*amplitude*), Tonhöhe (*pitch*), Tondauer und Klangfarbe (*timbre*). Die Wahrnehmungsqualität eines Tons wird dabei durch die Klangfarbe bestimmt.[283] Außerdem ermöglicht sie die Unterscheidung von Tönen mit gleicher Lautstärke, Tonhöhe und Tondauer. Abhängig ist die Klangfarbe von der Instrumentierung (*orchestration*), also dem spezifischen Obertonspektrum eines Tones.

Betrachtet man musikalische Strukturen ergeben sich die Merkmale Melodie, Tempo, Rhythmus und Harmonie in den zwei Kategorien zeit- und klangbezogene Elemente. Dabei handelt es sich vor allem auch um strukturelle Veränderungen in Klangsequenzen, ähnlich der Intonation und dem Amplitudenprofil (*Dynamik*) in der Sprache.[284] Diese Merkmale scheinen emotionale Informationen in erster Linie durch symbolische Kodierung (*symbolic coding*), also basierend auf historisch entwickelter soziokultureller Konventionalisierung, zu transportieren.[285]

Zwischen den klangbezogenen und zeitbezogenen Elementen der Musik herrscht hierbei eine Hierarchie hinsichtlich der emotionalen Wirkung: HEVNER (1935) fand heraus, dass es gegenüber den anderen zeit- und klangbezogenen Elementen vor allem die Ausdruckskraft des Modus (Harmonie) ist, die am stabilsten und generell eher emotional verstanden wird.[286]

Die Wirkung und Kategorisierungsmöglichkeiten dieser einzelnen Komponenten wurden auch durch WEDIN (1972) untersucht. Mit Hilfe einer Faktorenanalyse verdichtete er die Merkmale von Musik zu folgenden Dimensionen:[287]

---

[282] vgl. Ballhausen & Tallau (2008), S. 52
[283] vgl. Jourdain (2001), S. 58, zitiert nach Ballhausen & Tallau (2008), S. 52, vgl. Scherer & Zentner (2001), S. 362
[284] vgl. Scherer & Zentner (2001), S. 364
[285] vgl. Kappas et al. (1991), Scherer (1988), Sloboda (1992), zitiert nach Scherer & Zentner (2001), S. 364
[286] vgl. Hevner (1935), S. 264, zitiert nach Roth (2005), S. 120
[287] vgl. Wedin (1972), S. 255, zitiert nach Roth (2005), S. 99

Dimension 1: Intensität – Zartheit

Mit den beiden musikalischen Dimensionen *Artikulation* (Staccato vs. Legato), und *Intensität* (Fortissimo vs. Pianissimo).

Dimension 2: Gefallen – Nichtgefallen

Mit den musikalischen Dimensionen Harmonie (harmonisch vs. unharmonisch), Rhythmik (klar vs. unklar), Modalität (hoch vs. niedrig), Art (seriös, bekannt), Tonhöhe, Intensität und Melodie (melodiös vs. unmelodisch).

Dimension 3: Feierlichkeit – Trivialität

Hier lassen sich die Art, der Stil (Zeit der Veröffentlichung), die Tonhöhe und das Tempo erfassen.

Die durch WEDIN (1972) vorgeschlagene Klassifikation kommt jedoch an einigen Kritikpunkten nicht vorbei. ROTH (2005) kritisiert erstens, dass das Merkmal der formalen Symmetrie (welches Wirkungen auf die Wahrnehmung hat), nicht berücksichtigt wird. Außerdem sind einige Merkmale mehrfach vertreten und lassen sich deshalb nicht überschneidungsfrei zuordnen.[288]

Ein weiterer Entwurf hierzu stammt von BRUNER (1990). Für seine Betrachtungen fasste er aus verschiedenen Studien die musikalischen Betrachtungsparameter Zeit (*time*), Tonhöhe (*pitch*) und Struktur (*texture*) zusammen.[289] Seinen Ausarbeitungen zur Wirkung von Musik legt er folgende Systematisierung mit drei essentiellen Grundkomponenten zugrunde:

1. Zeitbezogene Komponente (Rhythmus, Tempo, Phrasierung)
2. Tonhöhe-bezogene Komponente (Melodie, Tonart, Harmonie)
3. Strukturbezogene Komponente (Klang, Instrumentierung, Lautstärke (Dynamik))

Doch auch hier, so stellt ROTH (2005) fest, gibt es zum einen wieder Überschneidungen zwischen den Komponenten und zum anderen wird das Merkmal der Symmetrie

---

[288] vgl. Roth (2005), S. 100
[289] vgl. Bruner (1990), S. 95

wieder nicht beachtet.[290] Im Bestreben, einige Überschneidungen zu beheben und die Integration weiterer Elemente über die beiden vorgestellten Modelle von WEDIN (1972) und BRUNER (1990) hinaus zu ermöglichen, hat ROTH (2005) deshalb folgende Einteilung der einzelnen Komponenten von Musik vorgeschlagen:

1. Zeitbezogene Komponente
   (Tempo, Rhythmus, Phrasierung)
2. Klangbezogene Komponente / Klangqualität
   a. Auf einen Ton bezogene Komponente (Tonfarbe, Tonhöhe, Lautstärke, auch auf Geräusche anwendbar).
   b. Auf mehrere Töne bezogene Komponente (Tonart, Harmonie, Symmetrie, melodische Linie).

In der Klangbezogenen Komponente lässt sich dabei die auf einen Ton bezogene Komponente herauslösen und auch auf Geräusche anwenden.[291] Dabei gilt natürlich immer: Musik wirkt nur als Ganzes. Die einzelnen Bausteine sind nur Teildimensionen, die in ihrer Gesamtwirkung letzten Endes zusammen wirken und ineinander greifen. Erst das Zusammenwirken der einzelnen Bestandteile als Ganzes nimmt Einfluss auf die Wirkungseffekte.[292]

DE LA MOTTE-HABER & DAHLHAUS (1982) haben zusätzlich eine Dimension mit dem Namen *Ausgeglichenheit* eingeführt, die sich auf die Durchschaubarkeit einer Struktur bezieht.[293] Dieser Faktor taucht außerdem in den Studien von PETER FALTIN und GÜNTER KLEINEN auf.[294] Wie oben beschrieben gibt es einen Zusammenhang zwischen der musiksyntaktischen Regularität, also der *Erwartetheit* einer Struktur, und der Evokation von Emotionen. Es ist also zweckmäßig, eine Dimension mit dem Namen *Form* hinzuzufügen.

---

[290] vgl. Roth (2005), S. 100
[291] vgl. ebda., S. 101
[292] vgl. ebda., S. 102
[293] vgl. De la Motte-Haber & Dahlhaus (1982), zitiert nach Rötter (2004), S. 283
[294] vgl. Faltin (1979), vgl. Kleinen (1968), zitiert nach De la Motte-Haber (1985)

Neben den Faktoren Zeit, Klang und Form ist es außerdem sinnvoll, die Dimensionen *Kontext* und *Performance* mit einzubinden. Auf dieses Moment weisen auch SCHERER & ZENTNER (2001) hin. Hier heraus ergibt sich dann der Vorschlag folgender Dimensionen zur Betrachtung musikalischer Reize, die sowohl für einzelne Töne, ebenfalls als Herauslösung aus dem Klangsegment, als auch für ganze Musiksequenzen gelten.

1. Zeit	2. Klang	3. Form
1.1. Tempo	2.1. Modus	3.1. Musiksyntaktische Regularität
1.2. Rhythmus	2.2. Harmoniestruktur	
1.3. Phrasierung	2.3. Register	3.2. Melodieverlauf
	2.4. Ambitus	**4. Kontext und Performance**
	2.5. Instrumentierung	4.1. Hörsituation
	2.6. Lautstärke	4.2. Performative Merkmale
		4.3. Hörermerkmale

Abbildung 2: Emotionsrelevante Komponenten (nonverbaler) musikalischer Reize bei funktionaler Musik. Aufbauend auf Bruner (1990), Wedin (1972), Roth (2005) und Scherer & Zentner (2001).

Zusammenfassend kann Folgendes festgehalten werden:

- Akustische Reize lassen sich in *Reine Töne* und in *Klänge und Geräusche* einteilen (*physikalische Sicht*).
- *Inhaltlich* gesehen lassen sich nonverbale akustische Reize in Geräusche und Töne mit *natürlicher* oder *metaphorischer* (erworbener) Bedeutung einteilen.
- Die gestalterischen Dimensionen von *Tönen* sind Lautstärke (*amplitude*), Tonhöhe (*pitch*), Tondauer und Klangfarbe (*timbre*).
- Die gestalterischen Dimensionen für *musikalische Strukturen* sind zunächst Melodie, Tempo, Rhythmus und Harmonie (zeit- und klangbezogene Elemente der Musik).
- Die zeit- und klangbezogenen Elemente der Musik transportieren emotionale Informationen in erster Linie durch symbolische Kodierung (*symbolic coding*).

- Von allen zeit- und klangbezogenen Elementen wird das Element Harmonie (Modus) am stabilsten emotional verstanden.
- WEDIN (1972) kategorisierte die emotionsrelevanten Merkmale von Musik entlang der Dimensionen *Intensität-Zartheit*, *Gefallen-Nichtgefallen* und *Feierlichkeit-Trivialität*.
- BRUNER (1990) schlägt die Betrachtungsparameter Zeit (*time*), Tonhöhe (*pitch*) und Struktur (*texture*) vor.
- ROTH (2005) integriert weitere Elemente und unterteilt in eine *zeitbezogene* und eine *klangbezogene* Komponente.
- DE LA MOTTE-HABER & DAHLHAUS (1982) schlagen eine Dimension vor, die sich auf die *Durchschaubarkeit* der Struktur bezieht.
- SCHERER & ZENTNER (2001) weißen auf die Dimensionen *Kontext* und *Performance* hin.
- Der Verfasser schlägt eine Einteilung in vier Hauptbereiche vor: *Zeit* (Tempo, Rhythmus, Phrasierung), *Klang* (Modus, Harmoniestruktur, Register, Ambitus, Instrumentierung, Lautstärke), *Form* (Musiksyntaktische Regularität, Melodieverlauf) und *Kontext und Performance* (Hörsituation, Performative Merkmale, Hörermerkmale).[295]

4.5.1 Zeit

Bei unveränderlichen Werten für die anderen Parameter wurde in Studien herausgefunden, dass schnelle Musik als fröhlicher, oder auch freundlicher, wahrgenommen wird, als langsame Musik.[296] HEVNER (1937) fand heraus, dass langsame Tempi eher friedliche, empfindsame oder auch würdevolle Arten von Beschreibungen bei Probanden erzeugten. Schnelle Tempi hingegen verursachten Reaktionen in Richtung anregender und freudiger Emotionen.[297] Wird das Tempo in Verbindung mit dem Dur-Modus gebracht, gilt als bewiesen, dass dieses Verhältnis, wie bereits besprochen, kein monotones ist, sondern ein Verlauf angenommen wird, der einem umgedrehten U

---
[295] Aufbauend auf Bruner (1990), Wedin (1972), Roth (2005) und Scherer & Zentner (2001)
[296] vgl. Grundlach (1935); vgl. Rigg (1940); vgl. Scherer & Oshinsky (1977); vgl. Swanwick (1973); vgl. Watson (1942); vgl. Wedin (1972), zitiert nach Bruner (1990), S. 95
[297] vgl. Hevner (1937), zitiert nach Bruner (1990), S. 94

entspricht, wobei die Geschwindigkeit, die als am angenehmsten gilt, bei 70 bis 110 BPM (Beats per Minute) liegt.[298] Atonale oder Mollmodi gewinnen mit steigendem Tempo an Valenz.

HEVNER (1936) konnte außerdem beobachten, wie stetige Rhythmen als eher ernsthaft, ehrwürdig und kräftig beschrieben wurden, wohingegen weich-fließende Rhythmen als eher fröhlich, verspielt oder verträumt bewertet wurden.[299] Durch GRUNDLACH (1935) wurde festgestellt, dass Musik mit weichen Rhythmen als brillant oder lebhaft charakterisiert wird, Musik mit ungleichmäßigen Rhythmen hingegen als etwas wahrgenommen wird, dass eher Würde, Erhöhung oder Begeisterung ausdrückt.[300]

Neben Tempo und Rhythmus ist die *Phrasierung* der dritte Faktor der zeitbezogenen Elemente. WEDIN (1972) konnte hierzu feststellen, dass Musik mit vielen Noten in staccato den Eindruck von Lebendigkeit, Energie, oder Agitation vermittelten, insbesondere dann, wenn sie mit großer Intensität (Lautstärke) gespielt wurde.[301] Auf der anderen Seite wurde Musik mit Phrasierung in legato, insbesondere bei leiserer Spielweise, als eher friedlich, sanft oder träumerisch charakterisiert.[302]

4.5.2 Klang

In mindestens zwei Studien wurden die unter westlich sozialisierten Hörern konventionelle Annahme, Dur-Tonarten würden einen dynamischen und positiven Ausdruck hervor bringen, wohingegen Moll-Tonarten einen gegensätzlichen Ausdruck hervorbringen würden, untersucht.[303] Die Ergebnisse schienen die Annahme zu bestätigen: Die Molltonarten haben einen traurigen, verärgerten oder mysteriösen, die Dur-Tonarten hingegen einen eher fröhlichen, hellen oder verspielten Ausdruck.[304] Außerdem stellte HEVNER (1935) fest, dass einfache konsonante Harmonien eher als fröhlich,

---

[298] vgl. Dowling & Harwood (1986); vgl. Holbrook & Anand (1988); vgl. Konečni (1982), zitiert nach Bruner (1990), S. 95
[299] vgl. Hevner (1936), zitiert nach Bruner (1990), S. 95
[300] vgl. Grundlach (1935), zitiert nach Bruner (1990), S. 96
[301] vgl. Wedin (1972), zitiert nach Bruner (1990), S. 95
[302] vgl. ebda.
[303] vgl. Hevner (1935); vgl. Scherer & Oshinsky (1977), zitiert nach Bruner (1990), S. 97
[304] vgl. ebda.

elegant und gelassen gelten, wohingegen dissonante und eher komplexe Harmonien als unterhaltend, bewegt, kraftvoll und zum Teil auch traurig wirken.[305]

Desweiteren lassen die Ergebnisse etlicher Studien eine starke Verbindung zwischen Register (*pitch*) eines Tones und empfundener Fröhlichkeit vermuten: Höhere Register vermitteln mehr Fröhlichkeit oder Erregung als tiefere Register, die eher als traurig empfunden werden.[306]

Betrachtet man den *Ambitus* eines Musikstückes, also den abgedeckten Tonumfang, wurde durch GRUNDLACH (1935) festgestellt, dass Kompositionen mit dem größten Ambitus (> r. 8) als brillanter und strahlender wahrgenommen werden, als Kompositionen mit eher engem Ambitus (< r.8), die als klagend oder traurig wahrgenommen werden.[307] Tatsächlich kann man auch im Rückblick auf die großen Kompositionen der letzten zwei Jahrhunderte feststellen, dass insbesondere große Intervalle immer wieder verwendet wurden, um positiv besetzte Affekte zu vertonen.

Ein weiterer Zusammenhang ergibt sich zwischen der Instrumentierung (*orchestration*) und emotionalen Reaktionen. Frühe Studien, die sich der Wirkung der Orchestration angenommen haben, fanden heraus, dass Blechbläser als Melodieinstrumente als triumphierend oder auch grotesk charakterisiert wurden, Holzblasinstrumente hingegen wirkten eher unsicher und klagend.[308] Melodien, die auf einem Klavier gespielt wurden, erwirkten eine brillante oder friedliche Wahrnehmung, Streicherklänge wurden mit Freude in Verbindung gebracht.[309]

Im Gegensatz zu zeitbezogenen und strukturbezogenen Elementen, verfügt die von der Orchestration, bzw. vom Obertonspektrum, abhängige *Klangfarbe* über keine bewusst gestalteten Strukturen, die im Wahrnehmungsprozess bewusst rational ausgewertet werden – daher wird sie unmittelbar wahrgenommen und entfaltet ihr Potential vor

---

[305] vgl. Hevner (1935), S. 265, vgl. Hevner (1936); vgl. Watson (1942); vgl. Wedin (1972), zitiert nach Roth (2005), S. 119
[306] vgl. Grundlach (1935); vgl. Hevner (1937); vgl. Rigg (1940); vgl. Watson (1942), zitiert nach Bruner (1990), S. 97
[307] vgl. Grundlach (1935), zitiert nach Bruner (1990), S. 97
[308] vgl. Grundlach (1935); vgl. Kinnear (1959); vgl. van Stone (1960), zitiert nach Bruner (1990), S. 97
[309] vgl. ebda.

allem auf der emotionalen Ebene, ist jedoch genauso unmittelbar in der Lage, Informationen zu vermitteln.[310] Letzteres geschieht nicht unmittelbar emotional, sondern durch symbolische Kodierung. Beispielsweise durch die stilistische Anleihe: Der Klang von Steel Drums wird mit der Karibik in Verbindung gebracht. Nicht, weil dies angeborenes Wissen ist, sondern, weil es gelernt wurde, als dieser Klang mit Bildern aus der Karibik gezeigt wurde – selbst dann, wenn man nie in der Karibik war.

Das letzte klangbezogene Element ist das der *Lautstärke*. GRUNDLACH (1935) fand hierzu heraus, dass die lautesten Stücke einer Reihe als triumphierend und anregend empfunden werden, wohingegen die leisesten Stücke als zart oder ruhig beschrieben wurden.[311] In einer anderen Studie fand WATSON (1942) heraus, dass die lautesten seiner verwendeten Stücke als sehr aufregend oder sehr freudig, die leisesten als friedlich oder ernsthaft, beschrieben werden.[312]

4.5.3 Zusammenführung von Zeit und Klang

Aus der Zusammenführung einer Vielzahl von Studien hat BRUNER (1990) eine Tabelle vorgestellt, welche den angestrebten emotionalen Ausdruck in Abhängigkeit musikalischer Parameter jener Elemente, die ihre emotionale Information über *symbolische Kodierung* übermitteln (*klang-* und *zeitbezogene* Elemente), beschreibt.[313] Die Aspekte *Form, Kontext und Performance* finden hier jedoch noch keine systematische Berücksichtigung.

In der tabellarischen Auflistung werden die jeweils emotionsbestimmenden Parameter der jeweiligen übergeordneten Betrachtungsparameter aufgelistet und mit Werten gefüllt. Dies sind *Modus, Tempo, Register, Rhythmus, Harmonie* und *Lautstärke*.[314]

---

[310] vgl. Raffaseder (2009), S. 102
[311] vgl. Grundlach (1935), zitiert nach Bruner (1990), S. 98
[312] vgl. Watson (1942), zitiert nach Bruner (1990), S. 98
[313] vgl. Bruner (1990), S. 100
[314] vgl. Bruner (1990), S. 100

	Ernsthaft	Traurig	Sentimental	Ausgewogenheit
Modus	Dur	Moll	Moll	Dur
Tempo	Langsam	Langsam	Langsam	Langsam
Register	Tief	Tief	Medium	Medium
Rhythmus	Fest	Fest	Fließend	Fließend
Harmonie	Konsonant	Dissonant	Konsonant	Konsonant
Lautstärke	Medium	Leise	Leise	Leise

	Humoristisch / Erfreut	Aufregend	Majestätisch	Ängstigend
Modus	Dur	Dur	Dur	Moll
Tempo	Schnell	Schnell	Medium	Langsam
Register	Hoch	Medium	Medium	Tief
Rhythmus	Fließend	Ungleich	Fest	Ungleich
Harmonie	Konsonant	Dissonant	Dissonant	Dissonant
Lautstärke	Medium	Laut	Laut	Variierend

Tabelle 1: Musikalische Charakteristika für die Produktion verschiedener emotionaler Ausdrücke. Nach Bruner (1990), S. 100. Aufbauend auf Hevner (1937), Kinnear (1959), Vinovich (1975), Gundlach (1935), Scherer & Oshinsky (1977), Watson (1942) und Wedin (1972).

Diese Tabelle ist vor allem gedacht, um Berufstätigen im Bereich des Marketings eine Hilfestellung bei der Auswahl möglichst passgenauer Musik zu geben, was unter Forschungsbedingungen erfolgreich angewendet und evaluiert wurde.[315] Allerdings fehlen bei dieser Auflistung, wie bereits hingewiesen wurde, zwei wichtige Betrachtungsebenen, nämlich *Form* und *Kontext und Performance*. Zwar wurde der Aspekt der Form in der Ausarbeitung von BRUNER (1990) berücksichtigt, letztlich ergab sich jedoch keine direkte systematische Implementierung in die vorgestellte Tabelle, was auf Grundlage der in der Zusammenstellung aufgearbeiteten Forschungsergebnisse jedoch auch schwierig gewesen sein dürfte (vgl. auch 4.5.4. und 4.5.5.). Das gleiche gilt für den noch nicht besprochenen Teilbereich Kontext und Performance, weshalb beide Teilbereiche in den folgenden zwei Kapiteln besprochen und hinsichtlich ihrer Relevanz diskutiert werden.

---

[315] vgl. Alpert & Alpert (1988); vgl. Vinovich (1975), zitiert nach Bruner (1990), S. 101

4.5.4 Form

Die Untersuchungen zur *Formwahrnehmung* und Emotion lassen die Vermutung zu, dass es vor allem unbewusste gestaltbildende Prozesse der Formwahrnehmung sind, welche emotionale Reaktionen hervorrufen. So konnte durch die gezielte Manipulation, also durch die Umstellung von Formteilen in Kompositionen von Beethoven und Grieg, in Studien von Karno & Konečni (1992) und Siu-Lan Tan & Spackman (2005), kein signifikanter Effekt im Sinne einer Veränderung des Gefühls der formalen Geschlossenheit festgestellt werden.[316]

Allerdings, wie bereits angesprochen, gibt es signifikante Effekte bei der Erwartetheit eines musikalischen Stimulus, die durch bildgebende Verfahren sichtbar gemacht werden können.[317] Die Vorhersehbarkeit spielt in der emotionalen Bewertung eines Musikstückes eine große Rolle: Wie bereits in Kapitel 4.1.5. angesprochen, führt die Verletzung oder die Erfüllung der Hörerwartung zu einer emotionalen Reaktion in Richtung Anspannung und Überraschung oder Entspannung und Befriedigung.

Ein zweiter Aspekt der Formwahrnehmung ist der Aspekt des Melodieverlaufs: Hevner (1936) hat festgestellt, dass aufsteigende Melodielinien als eher würdevoll und feierlich, absteigende Melodielinien als eher anregend und gelassen empfunden werden.[318]

Außerdem gehört zum Element der Form noch die *Themenentfaltung*. Bei funktionaler Musik, gerade im Bereich der Werbemusik, ist diese jedoch kaum von Bedeutung, da hierbei der künstlerische Anspruch erst an zweiter Stelle kommt und Melodien vor allem eingängig sein sollen, um sich gut in Gedächtnisstrukturen etablieren zu können. Außerdem könnte man einen Faktor mit dem Namen *Dynamik* einbringen, der *crescendi* und *decrescendi* mit einbezieht. Doch auch hier scheint es schwierig, die Faktoren in einer Analyse herauszuarbeiten und evidente Ergebnisse für funktionale Musik zu erhalten. Die Erkenntnisse aus der Betrachtung zur Lautstärke lassen aber

---

[316] vgl. Rötter (1999), vgl. Siu-Lan Tan & Spackman (2005), vgl. Karno & Konečni (1992), zitiert nach Rötter (2004), S. 281,
[317] vgl. Koelsch (2011)
[318] vgl. Hevner (1936), zitiert nach Bruner (1990), S. 97

zumindest die vermutungsbasierte Annahme zu, dass crescendi eher aktivierend auf den Organismus wirken, decrescendi eher beruhigend. Der Begriff der Dynamik bezeichnet allerdings keine Lautstärken als Zustände, sondern bezieht sich auf ein Amplitudenprofil in Abhängigkeit der Zeit.

4.5.5 Kontext und Performance

Bei dem Element *Kontext und Performance* handelt es sich zwar nicht um eigentliche musikalische Gestaltungsparameter, allerdings ist der Einfluss dieser Komponenten im Bereich der musikevozierten Emotion zu wichtig, um außen vor gelassen werden zu können. Da es im Bereich der funktionalen Musik meist um Musikstücke geht, die eine beschreibbare Funktion erfüllen sollen, finden diese Merkmale bei der eigentlichen Ausgestaltung von akustischen Kommunikationsmaßnahmen auch Beachtung. Ist beispielsweise bekannt, dass das Wiedergabemedium hauptsächlich Deckenlautsprecher sein werden (*Hörsituation*), muss daraus geschlossen werden, niedrigfrequente Klänge eher zu vermeiden. Man könnte auch sagen, dass die Faktoren Kontext und Performance auf *(allgemeine) akustische Gestaltungsparameter* und *Produktionsvorgaben* verweisen. Die Implementierung dieser Faktoren in das Modell stützt sich auf die Erkenntnisse aus der Gestaltpsychologie und dem operativen Vorgehen in der Werbepraxis. Wie bereits besprochen wurde, verbinden sich erst in der Wahrnehmung die physikalischen Eigenschaften zu etwas Ganzem: Zu einem Gegenstand, der von Menschen beurteilt werden kann. Und Teil der Wahrnehmung von Musik sind eben auch die Faktoren *Kontext* und *Performance* – Die Implementierung wird dem ganzheitlichen Ansatz musikalischer Wahrnehmung gerecht und berücksichtigt die zunehmende Häufigkeit, mit der musikalische Reize allerorts auf uns einwirken. Da sie Einfluss auf die musikalische Gestaltung des wahrnehmenden Materials haben, müssen sie an dieser Stelle in das Model eingefügt werden und können nicht als allgemeiner Interpretationshintergrund gesehen werden, wie es etwa für vorhandene Wissensstrukturen gilt – diese haben, im Gegensatz zu den Faktoren aus dem Element Kontext und Zeit, nämlich keine Implikation hinsichtlich einer musikalisch-künstlerischen Gestaltung, sondern verlangen vielmehr nach Berücksichtigung auf der operativen Ebene des *Markenmanagement*. Das Element Kontext und Performance setzen sich aus den Faktoren *Hörsituation*, *performative Merkmale* und *Hörermerkmale* zusammen, die im Folgenden erläutert werden.

Eine emotionale Reaktion richtet sich zwangsläufig nach kontextbedingten Faktoren: Handelt es sich um eine Live Performance oder um eine Aufnahme? Wird die Musik über Hi-Fi Kopfhörer gehört oder über Deckenlautsprecher? Ist der Anlass eine Hochzeit oder eine Beerdigung? Diese Faktoren können unter dem Begriff der *Hörsituation* zusammengefasst werden. Möchte man eine musikevozierte emotionale Reaktion auslösen, muss beachtet werden, dass sich die eingesetzten musikalischen Reize in diese Hörsituation integrieren lassen, ohne die Gesamtwahrnehmung negativ zu beeinflussen. Dieser Sachverhalt lässt sich an Extrembeispielen besonders gut veranschaulichen. Man stelle sich hierzu vor, zu einer Hochzeit würde der *Trauermarsch* von Frédéric Chopin gespielt werden. Die Gesamtwahrnehmung des Ereignisses würde hinsichtlich ihrer emotionalen Komponente deutlich gestört sein. Von der Hörsituation abzugrenzen sind hingegen die sogenannten performativen Merkmale.

Performative Merkmale beschreiben, wie ein Stück Musik durch einen Interpreten (oder durch mehrere Interpreten) gespielt wird. Die ausgelöste Emotion hängt hier maßgeblich von drei Variablen seitens des Interpreten ab: die stabilen Variablen der *Identität* (physische Erscheinung, Ausdruck, Reputation) und des *Könnens* (technische und interpretative Fähigkeiten), sowie die instabile Variable des sogenannten *performance state* (Interpretation, Konzentration, Motivation, Stimmung, Bühnenpräsenz, Publikumskontakt).[319]

Besonders interessant hierbei ist, dass der Glaube an eine künstlerische Intention eines Komponisten extern initiiert werden kann und dieser Glaube dann eine Relevanz bezüglich einer emotionalen Reaktion hat. Beim Musikhören, aber auch beim gemeinsam musizieren, wird die soziale Kognition, also die Fragen ‚*Was möchte der von uns, was will er uns sagen?*', ‚*Was denkt der gerade wohl?*', aktiviert. In einer Studie hierzu wurde Probanden Musik von den Komponisten Schönberg, Berg und Webern vorge-

---

[319] vgl. Scherer & Zentner (2001), S. 364

spielt.[320] Bei einigen Stücken bekamen die Probanden vorab die Information, das Stück sei von einem Komponisten komponiert, bei anderen, es sei von einem Computer komponiert. Im Vergleich dieser beiden Bedingungen wurde gesehen, dass es Veränderungen im klassischen *Theory of Mind network* im Gehirn gab.[321] Dies zeigt, dass, obwohl die Leute das nicht absichtlich gemacht haben, sie in der Bedingung, dass die Musik jetzt von einem Menschen komponiert wurde, automatisch dieses *Theory of mind network* anwerfen, ein Netzwerk mit dem man eine Theorie entwirft, was wohl im Geist des anderen vorgeht.[322]

Es muss hierbei darauf hingewiesen werden, dass der Glaube an eine künstlerische Intention durch den Komponisten nicht mit dem tatsächlichen künstlerischen Willen des Komponisten zu verwechseln ist. Der Wille des Komponisten ist für sich keine ästhetische Kategorie – nur, wenn sich die Intention des Komponisten in der Ausführung (*perfomance*) der Interpreten, des Musikers, wiederfindet, ist das Stück gut aufgeführt: Aus der Handlungsabsicht der Interpreten erst entsteht der emotionale Ausdruck von Musik.[323] Auch gerade deshalb müssen performative Merkmale unbedingt in diese Betrachtung mit einbezogen werden.

All diese Vorgänge geschehen, wie oben bereits angesprochen, vor dem Hintergrund bestehender Wissensstrukturen, woraus sich ein Zusammenhang zwischen individueller und soziokultureller Identität des Hörers und der emotionalen Reaktion ergibt. Diese Merkmale lassen sich, in Anlehnung an SCHERER & ZENTNER (2001), als sogenannte *Hörermerkmale* fassen. Sie können Interpretationsregelwerke (z.B. musikalische Systeme) beinhalten, die in einer ganzen Gruppe gelten oder individuelle Merkmale, wie die Persönlichkeit, Vorerfahrungen und musikalisches Talent.[324] Diese Faktoren können als *Musikalische Expertise*, inklusive kultureller Erwartungen an musikalische

---

[320] vgl. Koelsch (2011)
[321] vgl. ebda.
[322] vgl. ebda.
[323] Vgl. Bruhn (2009), S. 26/27
[324] vgl. Scherer & Zentner (2001), S. 364

Bedeutung, und musikunabhängige *stabile Dispositionen*, wie Persönlichkeit oder Hörgewohnheiten, zusammengefasst werden.[325]

Abschließend muss angemerkt werden, dass davon ausgegangen werden kann, dass keines der besprochenen Elemente (Zeit, Klang, Form, Kontext und Performance) in exklusiver Art und Weise wirken. Vielmehr ist davon auszugehen, dass die verschiedenen Elemente je nach Situation unterschiedlich gewichten und nur im Zusammenspiel zu einer verlässlichen emotionalen Reaktion führen können.[326]

Zusammenfassend kann Folgendes festgehalten werden:

- Tempo: Es gibt eine positive Korrelation zwischen *Tempo* und Affekt. Die ideale Geschwindigkeit für Dur Modi liegt bei 70 bis 110 bpm.[327]
- Rhythmus: Es gibt eine positive Korrelation zwischen *Rhythmischer Strukturierung* und empfundener Ernsthaftigkeit / Feierlichkeit. Je stetiger der Rhythmus, desto Feierlicher der Affekt. Je weicher der Rhythmus, desto verspielter oder verträumter. [328]
- Phrasierung: Noten im *staccato* wirken eher lebendig und energetisch, Noten im *legato* eher friedlich/träumerisch.[329]
- Modus: *Dur-Tonarten* klingen eher dynamisch-positiv, *Moll-Tonarten* eher mysteriös-traurig.[330]
- Harmoniestruktur: *Konsonanzen* wirken eher fröhlich und elegant, *Dissonanzen* wirken eher kraftvoll und bewegt.[331]
- Register: Es ergibt sich eine positive Korrelation zwischen Register (*Tonhöhe*) eines Tones und empfundener *Fröhlichkeit*.[332]

---

[325] vgl. Scherer & Zentner (2001), S. 364
[326] vgl. ebda., S. 365
[327] vgl. Dowling & Harwood (1986); vgl. Holbrook & Anand (1988); vgl. Konečni (1982), zitiert nach Bruner (1990), S. 95
[328] vgl. Grundlach (1935), vgl. Hevner (1936), zitiert nach Bruner (1990), S. 96
[329] vgl. Wedin (1972), zitiert nach Bruner (1990), S. 95
[330] vgl. Hevner (1935); vgl. Scherer & Oshinsky (1977), zitiert nach Bruner (1990), S. 97
[331] vgl. Hevner (1935), S. 265, vgl. Hevner (1936); vgl. Watson (1942); vgl. Wedin (1972), zitiert nach Roth (2005), S. 119
[332] vgl. Grundlach (1935); vgl. Hevner (1937); vgl. Rigg (1940); vgl. Watson (1942), zitiert nach Bruner (1990), S. 97

- Ambitus: Kompositionen mit größerem Ambitus (> r. 8) werden als eher strahlend, Kompositionen mit engerem Ambitus (< r. 8) als eher klagend und traurig wahrgenommen.[333]
- Instrumentierung: Holzbläser klingen eher unsicher und klagend, Blechbläser eher triumphierend. Streicherklänge werden mit Freude in Verbindung gebracht, Klavierklänge mit Friedlichkeit und Brillanz.[334]
- Lautstärke: Je lauter ein Stück, desto triumphierender und anregender wird es emotional erlebt.[335]
- Musiksyntaktische Regularität: Die *Vorhersehbarkeit* spielt in der emotionalen Bewertung eines Musikstückes eine große Rolle. Die Verletzung oder die Erfüllung einer Hörerwartung führt zu einer emotionalen Reaktion in Richtung *Anspannung und Überraschung* oder *Entspannung und Befriedigung*.[336]
- Melodieverlauf: *Aufsteigende Melodien* wirken eher würdevoll und feierlich, *absteigende* eher gelassen und anregend.[337]
- Hörsituation: Die Hörsituation wird unter anderem durch das umgebende Material, die Darbietungsform und den Anlass bestimmt.[338]
- Performative Merkmale: Die ausgelöste Emotion hängt von den drei Variablen *Identität*, *Können* und *performance state* seitens des Interpreten ab.[339]
- Hörermerkmale: Hörermerkmale setzen sich aus *Musikalischer Expertise* und musikunabhängigen *stabilen Dispositionen* zusammen.
- Keines der besprochenen Elemente wirkt exklusiv, sondern je nach Situation in unterschiedlicher Gewichtung *kooperativ*.

---

[333] vgl. Grundlach (1935), zitiert nach Bruner (1990), S. 97
[334] vgl. Grundlach (1935); vgl. Kinnear (1959); vgl. van Stone (1960), zitiert nach Bruner (1990), S. 97, vgl. Raffaseder (2009), S. 102
[335] vgl. Grundlach (1935), vgl. Watson (1942), zitiert nach Bruner (1990), S. 98
[336] vgl. Koelsch (2011)
[337] vgl. Hevner (1936), zitiert nach Bruner (1990), S. 97
[338] vgl. Scherer & Zentner (2001), S. 364, 365
[339] vgl. ebda., S. 364

5 Umsetzung und Anwendung in der Markenkommunikation mit Musik

5.1 Akustische Markenführung

Akustische Reize, das wurde im bisherigen Verlauf gezeigt und durch verschiedene Studien empirisch belegt, können emotionale Reaktionen beim Hörer hervorrufen. Im Bereich der Markenkommunikation wird dieser Effekt genutzt, wenn Marken emotional aufgeladen, also *emotionalisiert*, werden. Mittels dieser emotionalen Aufladung, die durch Verwendung und Wiederholung der emotionalen Reize im Rahmen der Markenkommunikation stattfindet, kann diese emotionale Reaktion selbst dann durch die akustischen Reize hervorgerufen werden.[340] Durch diesen Prozess *der emotionalen Konditionierung* ist es möglich, die mit bestimmten akustischen Stimuli verbundenen Emotionen fest auf eine Marke zu übertragen.[341]

Neben der *Emotionalisierung* übernehmen akustische Reize in der Markenkommunikation außerdem die Aufgabe, *Aufmerksamkeit* zu erzeugen (beziehungsweise die Aufmerksamkeit auf das Produkt, oder die Produktwerbung zu richten), als *Wiedererkennungssignal* zu funktionieren oder einfach zu einer angenehmen *Atmosphäre* beizutragen.[342] Werden nun in einem strukturierten Prozess sämtliche akustischen Kommunikationselemente einer Marke auf die entsprechende Identität einer Marke abgestimmt und diese dann untereinander integriert, spricht man von *akustischer Markenführung*.[343] Unter Zuhilfenahme emotionaler Wirkungsmomente zwischen Marke und Rezipienten können kommunikationspolitische Aussagen zu einer Marke verschlüsselt werden, die dann beim Rezipienten Wirkungen gemäß der anvisierten Kommunikationszielen erreichen.[344]

Zwar stellt die Akustik bereits einen etablierten Bestandteil der Markenkommunikation dar, die tatsächliche Innovation des Ansatzes der akustischen Markenführung ist

---

[340] vgl. Kroeber-Riel & Weinberg (2003), S. 129 f., zitiert nach Ballhausen & Tallau (2008), S. 52
[341] vgl. Ballhausen & Tallau (2008), S. 52
[342] vgl. Lindstrom (2005), S. 21, zitiert nach Ballhausen & Tallau (2008), S. 49
[343] vgl. Ballhausen & Tallau (2008), S. 48
[344] vgl. Bruhn (2003), S. 56, zitiert nach Ballhausen & Tallau (2008), S. 49

jedoch an ihrer strategischen und ganzheitlichen Vorgehensweise fest zu machen.[345] Diese neue Vorgehensweise im Bereich der Werbeindustrie, die das Visuelle nicht mehr als alleiniges bevorzugtes Kommunikationsmittel sieht, geht mit einer allgemeinen Öffnung Werbungsschaffender gegenüber einer multisensorisch geprägten Kommunikationskultur, welche die fünf Sinnesmodalitäten Sehen, Hören, Tasten, Riechen und Schmecken mit einbeziehen, einher.[346] Das Konzept der akustischen Markenführung erweitert somit die Kommunikation von Unternehmen und Marken um eine *auditive Emotionalität*, wodurch eine noch stärkere Bindung und Identifikation bei den Zielgruppen erreicht wird.[347]

Die akustische Markenführung wirkt innerhalb der Markenkommunikation sowohl auf die direkte Markengestaltung, welche die Produktwelt und Servicewelt umfasst, als auch auf die indirekte, also auf die Medienwelt bezogene, Markengestaltung.[348] Diese Unterscheidung der Markengestaltung schließt an die verschiedenen Berührungspunkte (*touchpoints*) des Konsumenten mit der Marke an. Diese befinden sich in der Medien-, Service- und Produktwelt.[349] In der *Medienwelt* wirken die akustischen Reize medial, also mittels TV-Spots, Radiospots oder Internetwerbung, auf den Konsumenten ein. In der *Servicewelt*, zum Beispiel am Point of Sale (POS), und in der *Produktwelt*, zum Beispiel bei der direkten Nutzung des Produkts, treffen Konsument und Marke direkt aufeinander.[350] Aus der Summe dieser drei Klangwelten ergibt sich das individuelle akustische Markenerlebnis eines Konsumenten.[351] Die Servicewelt arbeitet meist mit Hintergrundmusik. Wie bereits besprochen schließt diese die Aufmerksamkeit des Hörers aus und verfolgt eher den Ansatz, Stimmungen zu induzieren und nicht konkrete emotionale Zustände. Dieses Buch fokussiert sich aus Sicht der Klangwelten also primär auf die Medienwelt, wobei die akustischen Reize verschiedene Funktionen übernehmen, die im Folgenden besprochen werden.

---

[345] vgl. Ballhausen & Tallau (2008), S. 48
[346] vgl. ebda.
[347] vgl. ebda.
[348] vgl. Linxweiler (2004), S. 126, zitiert nach Ballhausen & Tallau (2008), S. 52
[349] vgl. Kosfeld (2004), S. 51, zitiert nach Ballhausen & Tallau (2008), S. 52
[350] vgl. Ballhausen & Tallau (2008), S. 52
[351] vgl. ebda.

5.2 Funktionen musikalischer Reize in der Markenkommunikation

Im Zusammenhang mit der Markenkommunikation sind insbesondere die folgenden drei Funktionen akustischer Reize wichtig:[352]

1. Funktion als Hinweisreiz auf eine Marke und vorhandenes Markenwissen.
2. Funktion als Transporteur einer Markenpositionierung.
3. Funktion als integrative Kraft nonverbaler akustischer Reize in der Markenkommunikation.

5.2.1 Funktion als Hinweisreiz auf Markenwissen

Nonverbale akustische Reize können als Gedächtnisanker für eine Marke oder bereits vorhandenes Markenwissen wirken. Durch die Signalfunktion der gewählten Kommunikationselemente kann der Absender schnell, auffällig und einheitlich vermittelt werden.[353] Die Verbindung von Markenname, oder kommunikationspolitischen Aussagen einer Marke allgemein, und dem akustischen Reiz folgt dabei dem Prinzip des Lernens durch Kontiguität: Die wiederholte und gleichzeitige Darbietung zweier Reize führt dazu, dass die Reaktion auf den einen Reiz (z.B. Markenname) auch durch den anderen Reiz (z.B. akustischer Reiz) erfolgt.[354] Werden beispielsweise in einem Werbespot der Markenname wiederholt gleichzeitig mit einem akustischen Signal, beispielsweise einem Audiologo, präsentiert, kommt es zur Verknüpfung von Markenname und akustischem Reiz im Gedächtnis.[355]

Formal gesehen eignen sich hierfür vor allem kurze Stücke oder Geräusche. Diese sind schnell verarbeitbar, da die Verarbeitung keine umfangreichen kognitiven Prozesse beansprucht.[356] Außerdem eignen sich solche, die im Vordergrund des Kommunikationsmittels auftreten, also die Aufmerksamkeit des Konsumenten suchen.[357]

---

[352] vgl. Roth (2005), S. 102
[353] vgl. Kroeber-Riel (1996), S. 195, vgl. Ballhausen & Tallau (2008), S. 49; vgl. Bruhn (2003), S. 56, zitiert nach Roth (2005), S. 102
[354] vgl. Mandl et al. (1988), S. 127, zitiert nach Roth (2005), S. 104
[355] vgl. Roth (2005), S. 104, vgl. Rötter (2004), S. 331
[356] vgl. Roth (2005), S. 102
[357] vgl. ebda.

Die akustischen Elemente können hierbei entweder mit einem anderen Markierungselement einer Marke kombiniert werden, also dem Markennamen, dem Markenlogo und der Verpackung oder auch als einfache akustische Signale losgelöst von der Markierung als Hinweisreiz fungieren.[358] Ein gutes Beispiel für eine sehr erfolgreiche visuell-akustische Kombination aus der Werbepraxis ist das Audio-Logo der deutschen Telekom. Dieses ist so erfolgreich geworden, dass es mittlerweile auch ohne visuelles Logo oder Markennamen auskommt.

Nonverbale Reize sind dabei schneller in der Lage, Wissensstrukturen im Gedächtnis zu erreichen und großflächig zu aktivieren: Aus der multimodalen Gedächtnistheorie weiß man, dass bei der Informationsverarbeitung eine grundsätzliche Überlegenheit der nonverbalen Reize gegenüber den verbalen Reizen herrscht.[359] Besonders interessant ist hierbei die Beobachtung, dass Werbespots oftmals neu hergerichtet oder ausgetauscht werden, die Kennmelodie, als Hinweisreiz, jedoch meist bleibt. Musik kann sehr oft gehört werden, bevor eine Sättigung eintritt.[360]

5.2.2 Funktion als Transporteur einer Markenpositionierung

Grundsätzlich kann die Positionierung einer Marke sowohl aus *rational-sachlichen* als auch aus *emotionalen* Elementen bestehen.[361] In beiden Fällen können nonverbale akustische Reize einen wichtigen Beitrag leisten.[362]

Kommunikationspolitische Aussagen zu einer Marke können durch die akustische Modalität verschlüsselt werden und beim Rezipienten wirken.[363] Dabei vermittelt Musik in der Werbung ganz bewusst Eindrücke, die mit dem beworbenen Produkt primär gar nicht in Zusammenhang stehen. DE LA MOTTE-HABER (1985) spricht in diesem Zusammenhang von produktunspezifischen Bedürfnissen, die im Zuschauer geweckt werden.[364] Kennzeichnungen, wie beispielsweise *das Reine*, *Natürliche* oder *Exotische*

---

[358] vgl. ebda.
[359] vgl. ebda.
[360] vgl. De la Motte-Haber (1985), S. 245
[361] vgl. Kroeber-Riel & Esch (2000), S. 35, zitiert nach Roth (2005), S. 105
[362] vgl. Engelkamp (1991), S. 470, zitiert nach Roth (2005), S. 105
[363] vgl. Ballhausen & Tallau (2008), S. 49, vgl. Bruhn (2003), S. 56
[364] vgl. Rötter (2004), S. 330, vgl. De la Motte-Haber (1985)

werden durch das Mittel der stilistischen Anleihe kommuniziert, indem Assoziationen geweckt werden.[365] Musik kann in der TV-Werbung beispielsweise auch zum gezeigten Ort gehören und somit zum Vorstellungsbild der Marke beitragen.[366]

Außerdem besteht die Möglichkeit, die Markenpositionierung mit Hilfe nonverbaler akustischer Reize, die *Informationsgehalt* transportieren sollen, zu kommunizieren.[367] Studien haben ergeben, dass Menschen in der Lage sind, Bedeutungen, die musikalisch in Werbemaßnahmen transportiert wurden, zu enkodieren.[368] Hierzu müssen sie vom Konsumenten in einer bestimmten Weise interpretiert werden (können). Die Bedeutung eines akustischen Reizes ergibt sich dabei im Zusammenhang mit anderen Elementen der Kommunikation. Dissonante Harmoniestrukturen können beispielsweise abhängig von anderen Elementen der Kommunikation, entweder als Schmerz, oder aber als Trauer vom Konsumenten interpretiert werden. Eine akustische Metapher kann also nur im Kontext mit anderen Elementen verstanden werden – den entsprechenden Kontext als Hintergrund für die Interpretation einer akustischen Metapher stellt das Wissen in den Schemastrukturen her.[369] Die in dem entsprechenden Schemawissen gespeicherten Konventionen ermöglichen erst die Interpretation akustischer Reize.[370]

Doch auch *emotionale* Markenpositionierungen können mit Hilfe von akustischen Reizen transportiert werden: Durch gezieltes Verwenden akustischer Gestaltungsparameter können die Emotionen beim Rezipienten in eine gewünschte Richtung beeinflusst werden, wobei die tatsächliche Wirkung immer als Reaktion auf die Gesamtheit der Parameter zu verstehen ist.[371] Die emotionalen Elemente einer Markenpositionierung werden durch die Verwendung von Musik außerdem nachhaltiger: Die emotionale Komponente macht den Nachteil wett, dass die Werbebotschaften über das Fernsehen, das Radio oder das Internet nicht aufbewahrt werden können.[372]

---

[365] vgl. De la Motte-Haber (1985), S. 241, vgl. Rötter (2004), S. 329
[366] vgl. De la Motte-Haber (1985), S. 242
[367] vgl. Scott (1990), S. 228, zitiert nach Roth (2005), S. 105
[368] vgl. Hung (2000), S. 33, zitiert nach Roth (2005), S. 105
[369] vgl. Roth (2005), S. 105
[370] vgl. Dowling & Harwood (1986), S. 4, zitiert nach Roth (2005), S. 105
[371] vgl. Ballhausen & Tallau (2008), S. 52, vgl. Rötter (2004), S. 329
[372] vgl. De la Motte-Haber (1985), S. 247

Als empirisch gesichert gilt auch die Aussage, dass es am ehesten Musikstücke sind, die unter der Vielzahl von nonverbalen akustischen Reizen einen emotionalen Gehalt aufweisen.[373] Dabei sind es insbesondere Schlüsselmelodien, die sich gut eignen, insofern sie in ihrem Gehalt die emotionalen Bestandteile der Positionierung widerspiegeln.[374] Formal gesehen sind es dabei vor allem längere Stücke, die sich eignen, um einen spezifischen Gehalt auszudrücken.[375] Musikalische Reize eignen sich generell besonders, um positionierungsrelevante Bedeutungen zu vermitteln, denn sie scheinen sich kaum abzunutzen.[376] Eine Wiederholbarkeit ist jedoch nichts a priori Gegebenes bei Musikstücken – die Wiederholbarkeit hängt auch vom Erreichen eines optimalen Mittel aus affektiver Präferenz und wahrgenommener Komplexität ab (vgl. 4.1.5.).

Grundsätzlich können jedoch alle Elemente (Geräusche, Jingles, Musik etc.) genutzt werden, um Emotionen zu vermitteln.[377] Gerade die *Klangfarbe* ist aufgrund ihrer unmittelbaren Wirkungsweise als gestaltender Parameter besonders zu berücksichtigen: Oftmals genügen kleinste klangliche Nuancen, um eine Vielzahl von Gefühlsregungen zu transportieren.[378] Ein Seufzer beispielsweise kann je nach Modulation Mitgefühl, Depression oder Ablehnung transportieren. Der Aufschrei einer Person kann dem Zuhörer Angst vermitteln, ein Soundscape (Klangabbild) aus Vogelgezwitscher und Waldgeräuschen kann Natürlichkeit und Ursprünglichkeit vermitteln.[379] Das wirklich besondere des Klanges ist neben seiner unmittelbaren Wirkungsweise (vgl. Kapitel 4.5.2.) jedoch, dass er einen vergleichsweise besonders hohen *Informationsgehalt* aufweist.[380] Bestimmte Grundstimmungen lassen sich bereits durch reinen Klang, ohne die Verwendung von Melodien oder strukturellen Elementen, erkennen: Der Klang einer gehenden Person beispielsweise gibt uns Aufschluss darüber, ob diese Person gerade fröhlich tänzelt, oder niedergeschlagen schlurft, in Hektik ist oder

---

[373] vgl. Grundlach (1935); vgl. Hevner (1935); vgl. Hevner (1936); vgl. Campbell (1942); vgl. Roederer (1982), zitiert nach Roth (2005), S. 105
[374] vgl. Roth (2005), S. 105
[375] vgl. ebda.
[376] vgl. Smith & Cuddy (1986), S. 25 f., zitiert nach Roth (2005), S. 109
[377] vgl. Roth (2005), S. 105
[378] vgl. Raffaseder (2009), S. 107
[379] vgl. Roth (2005), S. 105; ähnlich auch bei Scott (1990), S. 228-231
[380] vgl. Raffaseder (2009), S. 112

betrunken torkelt.[381] In einem Bruchteil einer Sekunde kann der Klang außerdem Informationen über die Qualität eines Produktes kommunizieren.[382] Dies lässt sich an einem vielbeobachteten Verhalten zur Qualitätskontrolle seitens der Kunden beobachten: Klopfen sie auf ein Sperrholzregal von IKEA, vermittelt die klangliche Rückmeldung eine subjektiv andere Qualitätserwartung, als wenn sie auf einen Massivholzschrank vom Schreiner klopfen. Sound-Designer, die im Bereich des Produktdesign arbeiten, gestalten ganz gezielt den Klang der Tür beim Mercedes und des Motors beim Porsche – sogar das Essgeräusch von Kellog's Cornflakes wird nicht dem Zufall überlassen.

5.2.3 Funktion als integrative Kraft in der Markenkommunikation

Informationen der Werbung werden oft beiläufig konsumiert. Gerade deshalb ist es besonders wichtig, dass die Kommunikation schemakonsistent ist. Die akustische Identität ist oftmals das Einzige, was von Konsumenten durch Werbung von der Marke wahrgenommen wird.[383]

Wird in diesem Bestreben der Bedeutungsgehalt der akustischen Reize in Relation zu den restlichen kommunikativen Maßnahmen gesetzt und zeitlich konstant beibehalten, entfaltet sich die integrative Kraft akustischer Reize.[384] Dabei kommt es vor allem auch darauf an, die Positionierungseigenschaften über Jahre hinweg konstant beizubehalten um Lerneffekte nicht zu kontrakarieren.[385] Nonverbale akustische Reize können ihre integrative Kraft auf drei Ebenen freisetzen:

1. Integration innerhalb und zwischen Sinnesmodalitäten
2. Integration zwischen Kommunikationskanälen
3. Zeitliche Integration

---

[381] vgl. ebda.
[382] vgl. ebda.
[383] vgl. Krugmann & Langeslag (2009), S. 71
[384] vgl. Roth (2005), S. 110
[385] vgl. ebda.

5.2.3.1 Integration innerhalb und zwischen Sinnesmodalitäten

Die Markenkommunikation spricht die Konsumenten über verschiedene Sinnesmodalitäten an. Akustische Reize werden neben sprachlichen und visuellen Bildern am häufigsten eingesetzt.[386] Grundsätzlich lässt sich dabei festhalten, dass multisensuale Repräsentationen gleicher Inhalte zu positiven Effekten führen: Natürlichkeit lässt sich bspw. visuell durch eine blühende Wiese vermitteln, kann aber auch akustische Elemente, wie Vogelgezwitscher, enthalten.[387]

Die Integration zwischen Sinnesmodalitäten ist dabei nichts, was es bisher nicht geben würde. Dies macht sich beispielsweise an der Sprache deutlich: Hier werden immer wieder intermodale Analogien verwendet, um bestimmte Beschreibungen zu treffen. Wir sprechen beispielsweise von einem runden Geschmack des Weins, oder von einem hellen Klang einer Trompete. *Rund* und *Hell* sind keine akustischen Attribute – man bedient sich jedoch ihres assoziativen Potentials, um Beschreibungen lebendiger und oftmals nachvollziehbarer, dabei aber auch abstrakter, zu gestalten.

5.2.3.2 Integration zwischen Kommunikationskanälen

Um eine Werbebotschaft zwischen den Kommunikationskanälen erfolgreich zu integrieren kann ein direkter oder indirekter Transfer zwischen den Sinnesmodalitäten, welche von den jeweiligen Kommunikationskanälen genutzt werden, erfolgen. Ein Beispiel hierfür findet sich in Kapitel 4.1.6. (Transfer von der visuellen auf die akustische Modalität am Beispiel der Werbemaßnahmen von Obstgarten).[388]

5.2.3.3 Zeitliche Integration

Nur wenn die vermittelten Positionierungseigenschaften einer Marke kontinuierlich über Jahre hinweg in der Kommunikation beibehalten werden ist der Aufbau starker Schemastrukturen möglich.[389] Kommt es zu sich extrem verändernden Inhalten über

---

[386] vgl. Kroeber-Riel (1996), S. 44, zitiert nach Roth (2005), S. 107
[387] vgl. ebda.
[388] vgl. Esch (1993), S. 25, zitiert nach Roth (2005), S. 108
[389] vgl. Roth (2005), S. 109

eine gewisse Zeitspanne hinweg, kommt es zu Interferenzerscheinungen und die gewünschten Lerneffekte werden letztlich kontrakariert. [390]

Zusammenfassend kann Folgendes festgehalten werden:

- Durch den Prozess der *emotionalen Konditionierung* werden mit bestimmten akustischen Stimuli verbundene Emotionen fest auf eine Marke übertragen.
- Akustische Reize übernehmen in der Markenkommunikation die Aufgaben *Emotionalisierung*, *Aufmerksamkeit* erzeugen und ausrichten, als *Wiedererkennungssignal* fungieren und zu einer angenehmen *Atmosphäre* beitragen.
- Das Konzept der akustischen Markenführung erweitert die Kommunikation von Unternehmen und Marken um eine *auditive Emotionalität* (stärkere Bindung und Identifikation bei den Zielgruppen).
- Das individuelle akustische Markenerlebnis ergibt sich aus den drei *Klangwelten* der Medien-, Service- und Produktwelt.
- Musikalische Reize haben insbesondere drei wichtige Funktionen in der Markenkommunikation: Funktion als *Hinweisreiz* auf Markenwissen, als *Transporteur* einer Markenpositionierung (*rational-sachlich* oder *emotional*) und als *integrative* Kraft.
- Als *Hinweisreiz* können musikalische Reize durch Lernprozesse nach dem Kontiguitätsprinzip, direkt auf Markenwissen im Gedächtnis verweisen.
- Gerade die *Klangfarbe* ist besonders daran beteiligt, wenn es darum geht *emotionale Positionierungsinhalte* mit musikalischen Reizen zu vermitteln. Musikalische Reize eignen sich hierfür besonders, denn sie scheinen sich kaum abzunutzen.
- Wird der musikalische Reiz als Markenelement mit anderen Kommunikationsmaßnahmen innerhalb und zwischen den *Sinneskanälen*, zwischen den *Kommunikationskanälen* und *zeitlich integriert*, kommt es zu den gewünschten sich gegenseitig verstärkenden Effekten.

---

[390] vgl. ebda.

5.3 Operatives Vorgehen

Das Konzept der akustischen Markenführung sieht seine Innovation, es wurde bereits angesprochen, im ganzheitlichen und systematischen Ansatz. Der akustische Markenauftritt orientiert sich nicht mehr primär an den musikalischen Vorstellungen der Zielgruppe, sondern vielmehr an den Werten, welche die Marke oder das Produkt kommunizieren wollen.[391] Die Markenidentität stellt daher Grundlage und Ausgangsposition der Entwicklung der akustischen Markenelemente dar.[392] Um dabei ein möglichst homogenes Gesamtbild des Markenauftritts auf möglichst vielen Sinnesebenen zu erreichen, sind deshalb Menschen, die sich mit akustischer Markenführung beschäftigen, bereits sehr früh in Managementprozesse des Brandings eingebunden. Im Folgenden soll das operative Vorgehen kurz skizziert werden, um verstehen zu können, wie und an welchen Stellen Fachleute des Bereichs die hier vorgestellten Ergebnisse verwenden.

Ausgangspunkt der Entwicklung des akustischen Markenauftritts ist zunächst die *Markenidentität*. Die Werte, welche die Marke kommunizieren möchte, sollen das vorherrschende Element sein, wenn es darum geht, die akustischen Markenelemente zu entwickeln.[393] Trotzdem darf die Zielgruppe natürlich nicht außer Acht gelassen werden, um nicht an ihr vorbei zu kommunizieren. Deshalb wird innerhalb einer *Zielgruppenanalyse* zunächst ein grob einzuhaltender Rahmen ermittelt, der auch akustische Erwartungen hinsichtlich der Marke mit einbezieht.[394] Geht es um ein Unternehmen, gilt als erster Orientierungspunkt für die akustische Identität die *corporate identity* des Unternehmens - auch dann, wenn es um untergeordnete Produktmarken geht.[395]

Mittels einer *Wettbewerbsanalyse* wird in einem nächsten Schritt ein Blick auf die strategische und akustische Positionierung der konkurrierenden Marken geworfen, um sicher zu stellen, dass die eigene Positionierung über genügend *Individualität* und

---

[391] vgl. Ballhausen & Tallau (2008), S. 50
[392] vgl. ebda.
[393] vgl. Ballhausen & Tallau (2008), S. 50
[394] vgl. ebda.
[395] vgl. ebda.

Differenzierungspotential verfügt.[396] Am Ende dieser Überlegung steht die Formulierung einer Ist-Identität und eines Ist-Image, von denen durch die Betrachtung der Wettbewerbspositionen eine Soll-Identität und eine Soll-Image abgeleitet werden.[397]

Die Identifikation der eigentlichen akustischen Markenidentität resultiert über die identitätskongruente Festlegung der *Rahmenvorgaben* für die akustischen Gestaltungsparameter wie beispielsweise Lautstärke, Klangfarbe, Harmonie oder Rhythmus.[398] An dieser Stelle wird nun ein akustischer Baukasten, die sogenannte *Toolbox*, definiert – sie stellt später die Basis für die operative Umsetzung dar.[399]

Um die akustische Identität und die anvisierte emotionale Stimmung für das Markenmanagement hörbar zu machen, wird oftmals zusätzlich eine Zusammenstellung parameterkonformer Sounds und existierender Musikstücke zu sogenannten *moodboards* durchgeführt.[400] Die Akzeptanz der identifizierten akustischen Identität kann somit besser getestet werden, da das alleinige Sprechen über und Darlegen von akustischen Gestaltungsparametern oft auf ein limitiertes musikalisches Verständnis seitens des Markenmanagements trifft.[401]

Entlang der drei Dimensionen der akustischen Gestaltungsparameter (*toolbox*, *wie* ist die Marke zu hören), der akustischen Markenelemente (*wodurch* ist die Marke zu hören) und der Touchpoints (*wo* ist die Marke zu hören) wird der akustische Markenauftritt im Folgenden dann konkret umgesetzt.[402]

Zusammenfassend kann Folgendes festgehalten werden:

- o Ausgangspunkt für die Entwicklung eines akustischen Markenauftritts ist zunächst die *Markenidentität*.
- o In einer *Zielgruppenanalyse* werden akustische Erwartungen hinsichtlich der Marke mit einbezogen.

---

[396] vgl. ebda.
[397] vgl. ebda.
[398] vgl. Ballhausen & Tallau (2008), S. 50, vgl. auch entsprechende Tabelle nach Bruner (1990), s.o.
[399] vgl. Ballhausen & Tallau (2008), S. 50
[400] vgl. Jackson (2003), S. 115 f., zitiert nach Ballhausen & Tallau (2008), S. 51
[401] vgl. Jackson (2003), S. 115 f., zitiert nach Ballhausen & Tallau (2008), S. 51
[402] vgl. Ballhausen & Tallau (2008), S. 51

- o Die konkurrierenden Marken werden in einer *Wettbewerbsanalyse* hinsichtlich ihrer strategischen und akustischen Positionierung analysiert.
- o Die *toolbox* beinhaltet identitätskongruente Rahmenvorgaben für die akustischen Gestaltungsparameter.
- o Parameterkonforme Klänge werden zu *moodboards* zusammengestellt.
- o Die konkrete Umsetzung erfolgt entlang der Dimensionen *toolbox*, *akustische Markenelemente* und *touchpoints*.

5.4 Akustische Markenelemente

Die akustischen Markenelemente legen bei der Umsetzung des akustischen Markenauftritts fest, in welcher Form die Marke akustisch erscheint. Die Gängigsten werden im Folgenden beschrieben.

5.4.1 Audio-Logo

Als Audio-Logo wird eine markante Tonfolge oder aber auch ein spezifisches Geräusch von kurzer Dauer bezeichnet.[403] Es stellt das akustische Gegenstück zum visuellen Logo dar, weshalb es auch als akustisches Marken-Logo bezeichnet wird.[404] Eines der erfolgreichsten und bekanntesten Audio Logos ist die aus fünf Tönen bestehende Sequenz des Telekom-Konzerns. Die Hauptaufgabe des Audio-Logos besteht darin, die Markenbekanntheit zu stärken.[405]

Im Entwicklungsprozess eines akustischen Markenauftritts steht regelmäßig zunächst die Entwicklung eines Audio-Logos im Mittelpunkt, da dieses akustische Markenelement alle Vorgaben der akustischen Identität in sich konzentriert.[406] Außerdem dient das Audio-Logo als Ausgangsbasis für die Entwicklung weiterer Elemente des akustischen Markenauftritts, wobei die weiteren akustischen Markenelemente oft durch indirekte musikalische Bezüge zum Audio-Logo gekennzeichnet sind.[407] Trotz seiner

---

[403] vgl. Roth (2005), S. 97, vgl. Ballhausen & Tallau (2008), S. 53
[404] vgl. Ballhausen & Tallau (2008), S. 53
[405] vgl. ebda.
[406] vgl. ebda., S. 51
[407] vgl. Schneider & Hirsch (2000), S. 48, zitiert nach Ballhausen & Tallau (2008), S. 51,

zeitlichen Kürze ist das Audio-Logo hierbei, neben seiner Funktion als *akustische Gedächtnisstütze*, auch für die Übermittlung imagerelevanter *Inhalte* geeignet.[408]

BRONNER (2007) formulierte fünf relevante Kriterien, an denen ein gelungenes Audio-Logo gemessen werden kann: Kompatibilität, Unverwechselbarkeit, Einprägsamkeit, Flexibilität und Prägnanz.[409] Das Kriterium der *Kompatibilität* ist dann erfüllt, wenn man von einem sogenannten *Fit* (engl. *Passung/Passgenauigkeit*) zwischen dem gewählten akustischen Signal und den existierenden Markenattributen spricht.[410] Die *Unverwechselbarkeit* des Logos ist essentiell, um in der großen Anzahl an akustischen Signalen konkurrierender Marken nicht unerkannt unterzugehen.[411] Das Kriterium der *Einprägsamkeit* soll sicher stellen, dass die Marke im Gedächtnis bleibt, auch wenn sie nicht gerade physisch oder visuell vor dem Konsumenten platziert ist.[412] Musikalische und Technische *Flexibilität* ist vor allem wichtig, um der Dynamik und Komplexität des Kommunikations- und Medien-Mixes Herr zu werden.[413] Von einer *musikalischen* Flexibilität spricht man, wenn ein akustisches Signal sowohl in unterschiedlichen Musikstilen, als auch in verschiedenen Instrumentierungen verwendet werden kann und dabei trotzdem nicht an Wiedererkennungswert verliert.[414] Bei der *technischen* Flexibilität geht es dagegen um das Anwendungspotential in Bezug auf die *touch-points*.[415] Bei dem tieffrequenten Audio Logo der Automarke Audi beispielsweise wurde eine geringere technische Flexibilität zu Gunsten einer größeren *Individualität* in Kauf genommen. Außerdem sollte die Übermittlung der Markenattribute *prägnant*, also in möglichst kurzer Zeit und ohne überflüssige akustische Verzierungen, erfolgen.[416]

---

[408] vgl. Ballhausen & Tallau (2008), S. 53
[409] vgl. Bronner (2007), S. 84
[410] vgl. Ballhausen & Tallau (2008), S. 53
[411] vgl. ebda.
[412] vgl. ebda.
[413] vgl. ebda.
[414] vgl. Ballhausen & Tallau (2008), S. 53
[415] vgl. ebda.
[416] vgl. ebda.

5.4.2 Jingle

Der Jingle ist im Vergleich zum Audio-Logo zum einen von längerer Dauer und enthält zum anderen passend zur Melodie gesungene Werbebotschaften und Slogans.[417] Der Jingle erfüllt ebenfalls die Funktion einer Markierung, um bestimmte Markeninhalte zu festigen.[418] Dadurch, dass Melodie und Text im Jingle verbunden werden, wird der Konsument in zwei Dimensionen angesprochen. Diese Verbindung ermöglicht eine hohe Einprägsamkeit und fördert die Aufnahme, Verarbeitung und Speicherung von Werbebotschaften.[419]

Jingles können, sobald sie als *Ohrwurm* in den Köpfen der Konsumenten verankert sind, auch instrumental eingesetzt werden – sie ähneln dann einem Audio-Logo und zielen eher auf eine emotionale Wirkung ab, als auf die Vermittlung von konkreten Inhalten.[420] Aufgrund der Tatsache, dass die Werbebotschaften in Jingles von den Konsumenten als zu offensichtlich wahrgenommen werden und so Reaktanzen hervorrufen, verliert der Jingle jedoch zunehmend an Bedeutung.[421] Außerdem gibt es Hinweise darauf, dass es eher die rhythmische Strukturierung anstatt der verbalen Anteile der Jingles ist, welche die Behaltensleistung beeinflussen.[422]

5.4.3 Brand Music und Soundscapes

Unter Brand Music versteht man ganze Musikstücke, die entweder speziell für eine Marke komponiert werden, oder aus bestehenden Titeln ausgewählt werden.[423] Hierbei wird versucht, das Künstlerimage auf die Marke zu übertragen. Ein bekanntes Beispiel, das auch bereits angeführt wurde, ist der Song *Sail away*, gesungen von *Joe Cocker* für die Werbemaßnahmen der Biermarke Beck's. Allerdings, besteht bei der Verwendung von Brand Music immer die Gefahr von Rückstrahlungseffekten auf die Marke, falls sich das Künstlerimage negativ verändert.[424]

---

[417] vgl. Krommes (1996), S. 422, zitiert nach Ballhausen & Tallau (2008), S. 53
[418] vgl. De la Motte-Haber (1985), S. 245
[419] vgl. Ballhausen & Tallau (2008), S. 53
[420] vgl. Rötter (2004), S. 331, vgl. Ballhausen & Tallau (2008), S. 53
[421] vgl. Jackson (2003), S. 9, zitiert nach Ballhausen & Tallau (2008), S. 53
[422] vgl. De la Motte-Haber (1985), S. 245
[423] vgl. Ballhausen & Tallau (2008), S. 53
[424] vgl. ebda.

Unter *Soundscapes* versteht man ein nachgeahmtes auditives Bild einer bestimmten Umgebung oder aber auch eine (oft hintergründige) unaufdringliche Klangkomposition.[425] Im Gegensatz zur Hintergrundmusik greifen Soundscapes nicht auf klassische musikalische Gestaltungsparameter wie Rhythmus oder Melodie zurück, sondern verwenden lediglich einzelne Töne, Klänge und Geräusche.[426] Einsatzgebiete für Soundscapes sind beispielsweise Waldgeräusche an einem Messestand, ein synthetischer Klangteppich im Hintergrund einer Fernsehwerbung oder ein dezentes Flussrauschen in Geschäftsräumen, die Hörer ganz gezielt emotional beeinflussen können.[427] Soundscapes wollen dabei entweder Vertrautheit, Entspanntheit oder gesteigerte Aufmerksamkeit erzeugen, wodurch die eigentlichen Botschaftsinhalte effizienter übermittelt werden können.[428]

Zusammenfassend kann Folgendes festgehalten werden:

- Die Hauptaufgabe des *Audio-Logos* besteht darin, die Markenbekanntheit zu stärken.
- Das Audio-Logo ist in der Lage, als *akustische Gedächtnisstütze* zu dienen, oder *imagerelevante Inhalte* zu vermitteln.
- Ein gelungenes Audio-Logo lässt sich an den fünf Kriterien *Kompatibilität*, *Unverwechselbarkeit*, *Einprägsamkeit*, *Flexibilität* und *Prägnanz* messen.[429]
- Bei einem *Jingle* wird der Konsument auf zwei Ebenen angesprochen (Melodie und Text).
- Jingles können nach erfolgreicher Implementierung in Wissensstrukturen beim Konsumenten auch *instrumental* verwendet werden.
- Es ist eher die *rhythmische Strukturierung* als die verbalen Anteile, die *Behaltenseffekte* bei Jingles positiv beeinflusst.
- Bei *Brand Music* wird versucht, das Künstlerimage auf eine Marke zu übertragen.
- *Soundscapes* sind ein auditiv nachgeahmtes Bild einer bestimmten Umgebung (Waldgeräusche, Café Gespräche, etc.), die entweder *Vertrautheit*, *Entspannt-*

---

[425] vgl. Kusatz (2007), S. 51, zitiert nach Ballhausen & Tallau (2008), S. 54
[426] vgl. Ballhausen & Tallau (2008), S. 54
[427] vgl. ebda.
[428] vgl. ebda.
[429] vgl. Bronner (2007), S. 84

heit oder *gesteigerte Aufmerksamkeit* erzeugen sollen, um die Botschaftsinhalte besser vermitteln zu können.

5.5 Wirksamkeit funktionaler Musik und Grenzen der akustischen Markenführung

Musik, die zu Werbezwecken eingesetzt wird, folgt in erster Linie einer funktionalen Intention und ist nicht um ihrer selbst Willen komponiert. Man spricht deshalb von *funktionaler Musik*. Die Wirkung funktionaler Musik ist immer wieder Gegenstand verschiedener Studien, wobei sich oftmals unterschiedliche Resultate ergeben.

BEHNE (1999) hat deshalb eine Theorie zur Wirkungslosigkeit funktionaler Musik entwickelt, indem er 153 Studien zwischen 1911 und 1977 einer Metaanalyse unterzog. Bei einem Drittel dieser Studien konnten die jeweiligen Forscher keine generellen Effekte der Musik feststellen.[430] Allgemein, so BEHNE, werde die Wirkungslosigkeit funktioneller Musik sogar unterschätzt – gleichzeitig merkt er jedoch auch an, dass die Studien-Designs angeblich zu wenige differentielle Effekte berücksichtigen.[431]

Zusammenfassend nennt er fünf Komponenten, die inhaltlich alle bereits besprochen wurden und die Bestandteil einer solchen Theorie der Wirkungslosigkeit von funktionaler Musik darstellen.[432]

1. Die Effekte von Musik treten eher bei solchen Variablen auf, die für die Personen weniger relevant sind (z.B. die Auswahl zwischen zwei gleich teuren Weinen, vgl. Kapitel 3.1.2.).
2. Die Stärke der Effekte der Musik korreliert mit der Integration der Musik in einen Kontext (z.B. Filmmusik mit hochgradiger Integration, vgl. Kapitel 5.2.3.: Musikalische Reize als integrative Kraft in der Markenkommunikation).
3. Die Stärke der Effekte der Musik korreliert mit der individuellen Akzeptanz der Musik (vgl. Kapitel 4.2.: Gefallen und Anziehungskraft).

---

[430] vgl. Behne (1999), zitiert nach Rötter (2004), S. 337
[431] vgl. ebda.
[432] vgl. ebda.

4. Besonders unter monotonen Bedingungen wirkt sich Musik positiv aus, in komplizierteren Situation hingegen stellt sie eine Überforderung dar (vgl. optimale Leistung bei mittlerer Aktivierung in Kapitel 3.1.1.).
5. Das Ziel einer Theorie zur Wirkungslosigkeit funktionaler Musik müsste eine Hierarchie von Situationen sein, die sich entlang eines Kontinuums von Wirkungslosigkeit hin zu intensivem Musikerleben abzeichnet und außerdem das individuelle Erleben von Musik angemessen beschreiben kann (vgl. Zusammenhang zwischen Wirkungsstärke von Musik in Abhängigkeit von Aufmerksamkeit in Kapitel 3.1.2.).

Es ist jedoch oftmals den Forschungsdesigns geschuldet, dass sich uneindeutige Ergebnisse aus Studien zur Wirkung funktionaler Musik ergeben: Nicht *ob*, sondern *wie* Musik verwendet wird ist die entscheidende Frage, die bei vielen Forschungsstudien nicht beachtet wird.[433] Der Ansatz für Forschungsstudien muss daher unbedingt ein intermodaler sein, also ein Ansatz, der die gemeinsame Analyse, Konzeption und Gestaltung der unterschiedlichen Sinnesebenen (hier vor allem visuelle und auditorische) mit einbezieht.[434]

Im Idealfall funktioniert die akustische Markenführung nämlich als eine integrierte Teilmenge der gesamten Markenführung. Auch dabei sind jedoch einige Punkte zu beachten, um Risiken zu vermeiden. So können die Adressaten beispielsweise die akustische Markenkommunikation unter Umständen als akustische Belästigung empfinden und mit einer irritations- oder reaktanzbedingten Abwehrhaltung reagieren.[435] Eine *Irritation* liegt dann vor, wenn die Kommunikation beim Konsumenten als zu aufdringlich empfunden wird.[436] Unter einer *Reaktanz* versteht man hingegen den Eindruck des Konsumenten, sein Meinungsspielraum würde gegen seinen Willen begrenzt werden.[437]

Oder aber der Konsument reagiert nicht mit einer Abwehrreaktion, sondern mit Ermüdungserscheinungen (*Wear-Out-Effekte*): Durch die konsequente Wiederholung

---
[433] vgl. Raffaseder (2009), S. 108
[434] vgl. ebda., S. 105
[435] vgl. Ballhausen & Tallau (2008), S. 54
[436] vgl. ebda.
[437] vgl. Kroeber-Riel & Weinberg (2003), S. 207, zitiert nach Ballhausen & Tallau (2008), S. 54

akustischer Reize können Aufmerksamkeit und Erinnerungsleistung des Konsumenten sinken (Wiederholbarkeit akustischer Reize – vgl. 4.1.5.).[438] Diesem Effekt kann durch gelegentliche Variation der akustischen Markenelemente (wie beispielsweise die Variation eines Audio-Logos, das Verwenden von Brand Songs mit oder ohne Text, oder aber auch in anderer Instrumentierung) vorgebeugt werden.[439]

Außerdem gilt es, potenzielle Probleme der technischen Umsetzung des entwickelten akustischen Markenauftritts mit zu beachten. Diese Probleme resultieren oftmals aus einer limitierten Qualität der Ausgabemedien. Die unternehmensspezifischen *touchpoints* müssen daher vor der Entwicklung des akustischen Markenauftritts analysiert und hinsichtlich ihrer akustischen Wiedergabemöglichkeiten bewertet werden.[440] Dies hat auch Auswirkungen auf die spezifische musikalische Ausgestaltung der akustischen Markenelemente.

Neben solchen Risiken besteht außerdem immer das Risiko interkultureller Missverständnisse. Unterschiedliche Kulturkreise empfinden Klänge und Musik möglicherweise auf eine jeweils andere Art. Für jedes Markenelement, das global gelten soll, ist daher auch die kulturspezifische Wirkung zu beachten.[441]

Eine *Grenze* der akustischen Markenführung besteht darin, dass sie ihre Wirkung nur dann voll entfalten kann, wenn auch alle anderen Kommunikationsmaßnahmen gut abgestimmt sind. Die Formel, einfach entsprechende akustische Gestaltungsparameter zu verwenden, um beim Konsumenten automatisch die entsprechende Emotion hervorrufen zu können, funktioniert nicht als isoliertes Prinzip.

Zusammenfassend kann Folgendes festgehalten werden:

- o   Die oftmals uneindeutigen Ergebnisse aus Studien zur *Wirksamkeit* funktionaler Musik resultieren meist aus fehlerhaften Ansätzen: Nicht *ob*, sondern *wie* Musik verwendet wird ist die entscheidende Frage.

---

[438] vgl. Ballhausen & Tallau (2008), S. 54
[439] vgl. ebda.
[440] vgl. ebda.
[441] vgl. ebda.

- Konsumenten können mit *irritations-* (zu aufdringlich) oder *reaktanzbedingtem* (eingeschränkter Meinungsspielraum) *Abwehrverhalten* auf akustische Kommunikationsmaßnahmen reagieren.
- Ermüdungserscheinungen beim Konsumenten (*wear-out-effect*) müssen mit gelegentlicher *Variation* der Ausgestaltung der Markenelemente entgegengewirkt werden.
- Die technischen Möglichkeiten der *Ausgabemedien* müssen entlang einer Betrachtung der relevanten *touchpoints* bei der Gestaltung akustischer Markenelemente mit einbezogen werden.
- Kulturelle Interpretationshintergründe, bzw. die *kulturspezifische Wirkung* der gewählten akustischen Markenelemente, sind zu beachten.
- Die akustischen Markenelemente müssen mit den übrigen Kommunikationsmaßnahmen inhaltlich, formal und zeitlich abgestimmt sein (*Integrierte Kommunikation*), um einen positiven Effekt im Sinne der anvisierten Ziele zu bewirken.

6 Fazit

6.1 Ergebnisse

Die akustische Markenführung ist ein unverzichtbares Instrument der Markenkommunikation seitens der Werbeschaffenden, da es hilft, der sinkenden *Kommunikationseffizienz* entgegen zu wirken und sowohl *Markenbekanntheit* schaffen, als auch *Markenimage* aufbauen, bzw. anpassen, kann. Der Einsatz der akustischen Markenführung in der Markenkommunikation wird dabei in den nächsten Jahren zunehmen.[442] Das neue Verkaufsargument ist dabei immer weniger rationaler, sondern wird zunehmend emotionaler Natur sein. Anders gesagt: Die Markenpositionierung wird sich mit Hilfe der akustischen Markenführung zwangsläufig und unvermeidbar zunehmend auf mehr emotionale, als auf rational-sachliche Positionierungselemente, stützen.[443]

Die akustische Markenführung folgt dabei dem zeitgemäßen Ansatz der *identitätsorientierten Markenkommunikation*. Ausgehend von einer Markenidentität (*brand identity*), oder Unternehmensidentität (*corporate identity*), werden die korrespondierenden Werte und Einstellungen (*Markenpositionierung*) über verschiedene Kommunikationsmaßnahmen vermittelt, um entsprechende Wissensstrukturen im Gedächtnis des Konsumenten aufzubauen oder zu modifizieren.

Akustische Markenelemente helfen beim Aufbau dieser Wissensstrukturen, indem sie die Markenattribute *inhaltlich* oder *emotional* kommunizieren. Die emotionalen Vorgänge, die hierbei von statten gehen, verlangen einen modernen Begriff von Emotion, der sich von klassischen Modellvorstellungen distanziert. Der Begriff der *emotionalen Episoden* beachtet dies, indem er von komplexen emotionalen Zuständen spricht, bei denen sowohl affektive Präferenzen, als auch konkrete Emotionen, Stimmungen, zwischenmenschliche Gefühle, Haltungen und personale Befindlichkeiten kooperativ eine Rolle spielen.[444]

---

[442] vgl. audio consulting group (2007)
[443] vgl. Häusel (2010), S. 7 ff.
[444] vgl. Rötter (2004), S. 309, vgl. Scherer & Zentner (2001)

Obwohl es, hauptsächlich den Forschungsdesigns geschuldete, uneindeutige Ergebnisse zur Wirkung funktionaler Musik gibt, konnten verschiedene Studien belegen, dass die Ausgestaltung bestimmter musikalischer Gestaltungsparameter zu empirisch validen Ergebnissen hinsichtlich einer beabsichtigten emotionalen Reaktion führt. Allen Forschungsergebnissen gemein ist, dass eine emotionale Reaktion immer mit einer *psychophysiologischen Aktivierung* oder *Entspannung*, sowie einem gewissen Maß an *Aufmerksamkeit*, einhergeht.

Stimmungen, wie durch Hintergrundmusik, also ohne gerichtete Aufmerksamkeit, erzeugt, haben vor allem positive Effekte auf die Erinnerungsleistung und erleichtern mit ihrer atmosphärischen Wirkung die Vermittlung der eigentlichen Werbebotschaft. Spezifische Emotionen (Traurigkeit, Freude, Angst, etc.) scheinen ihren emotionalen Gehalt hauptsächlich über eine *systematische affektive Symbolik* mit zu teilen, die sich aus den zeit- und klangbezogenen Elementen der Musik ergibt.[445] Untersuchungen über die konventionelle emotionale Wirkung bestimmter musikalischer Gestaltungsparameter auf den Betrachtungsebenen *Zeit* und *Klang* können also Aufschluss über deren Wirkungen im Einzelnen geben. Außerdem ist es sinnvoll, die gestalterisch relevanten Betrachtungsebenen *Form, Kontext und Performance* mit einzubeziehen und die Prinzipien (Pfade), die hinter der Evokation von Emotionen stecken, näher zu betrachten. Über Evaluations-, Gedächtnisrepräsentations- und Empathieprozesse werden emotionale Reaktionen über das zentrale Nervensystem, beim Prozess des propriozeptiven Feedbacks über das autonome Nervensystem, hervorgerufen. Die Betrachtung sowohl dieser neuronalen Pfade, als auch die Auswertung der Studien, die Rückschlüsse auf die affektive Symbolik erlauben, können ein recht ganzheitliches Bild von der emotionalen Wirkung musikalischer Gestaltungsparameter vermitteln. Die Erkenntnisse über die emotionale Wirkung von musiksyntaktischer Regularität und die damit verbundene Erwartetheit einer musikalischen Struktur, sowie die Erkenntnisse aus der multisensualen Wahrnehmung (inklusive wechselseitiger Interpretationsvorgänge von musikalischen Reizen und Wissensstrukturen in Schemata) vervollständigen das Bild:

---

[445] vgl. Grundlach (1935), S. 638f.; vgl. Kellaris et al. (1993), S. 115, zitiert nach Roth (2005), S. 119

```
                    ┌─────────────────────────┐
                    │   Emotionale Episoden   │
                    └───────────┬─────────────┘
                        ┌───────┴────────┐
                        ▼                ▼
                ┌───────────────┐  ┌──────────────┐
                │  Stimmungen   │  │ Spez. Emotionen │
                └───────────────┘  └──────┬───────┘
                                          ▼
        ┌──────────────┐          ┌──────────────────┐
        │  kann auch   │          │      Zeit        │
        │ unmittelbar  │──────────│     Klang        │────▶  Toolbox
        │   wirken     │          │      Form        │
        └──────────────┘          │ Kontext und Perf.│
                                  └──────────────────┘
```

Abbildung 3 (schematische Darstellung) — Elemente: Interpretationshintergrund: Bestehende Wissensstrukturen (*Schemata*) → Vorhandenes Markenwissen; Effekte der multisensualen Wahrnehmung / Effekte der musiksyntaktischen Regularität → Integration der Elemente; Evaluation / Gedächtnisrepräsentation / Empathie / Propriozeptives Feedback / motorischer Ausdruck; Emotionale Reaktion auf musikalische Reize ⇐ Emotionale Reaktion auf musikalische Gestaltungsparameter.

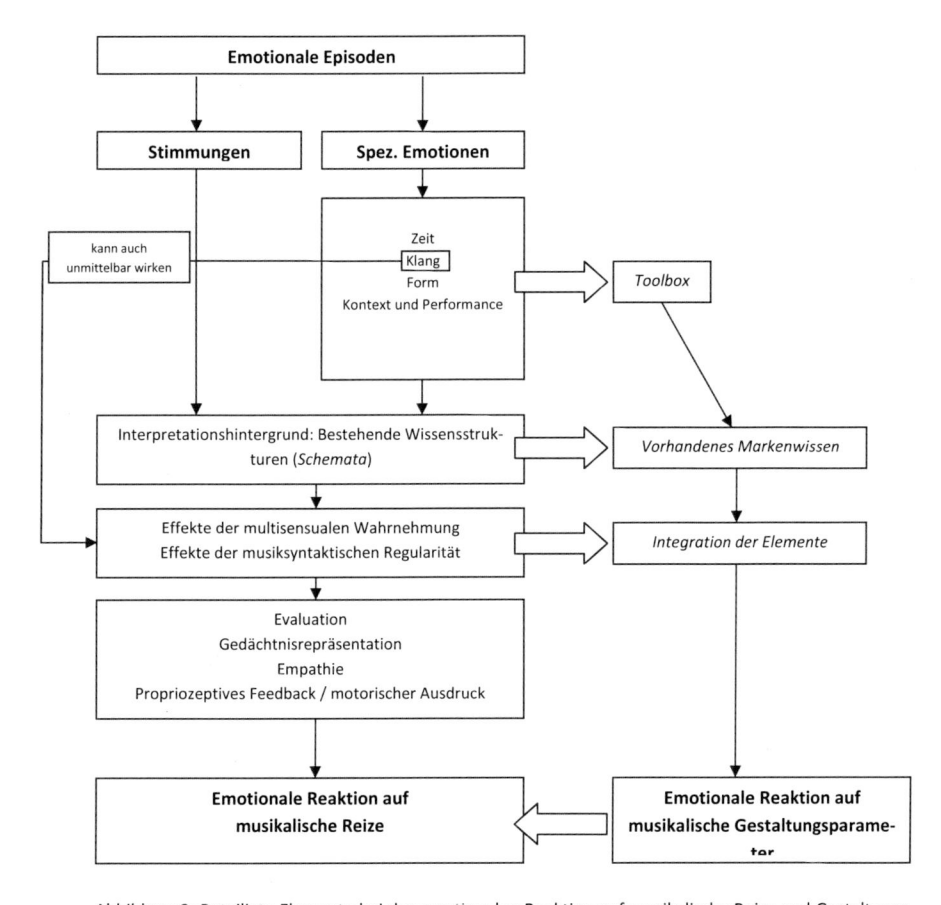

Abbildung 3: Beteiligte Elemente bei der emotionalen Reaktion auf musikalische Reize und Gestaltungsparameter.

Die eingangs aufgestellte Behauptung, durch die gezielte Verwendung akustischer Gestaltungsparameter könnten im Zusammenspiel mit konsequenter akustischer Markenführung emotionale Reaktionen und Bewertungen beim Konsumenten gezielt hervorgerufen und beeinflusst werden, lässt sich nach den vorgestellten Ergebnissen positiv beantworten.

Gleichzeitig muss angemerkt werden, dass die beteiligten Elemente (vgl. Abbildung 3) in ihrer Wirkung und Gewichtung nicht immer eindeutig zu benennen sind. Je nach individueller historischer und sozio-kultureller Situation des Hörers, je nach seinen

Hörgewohnheiten und seiner emotionalen Reife verhalten sich die beteiligten Elemente unterschiedlich in ihrer Gewichtung und ihrer Funktionalität.[446] Letzten Endes ist es eine diffizile und kleinschrittige Detailarbeit, die über einen langen Zeitraum die gewünschten Effekte hervorrufen. Eine *emotionale Bombardierung*, wie sie beispielsweise bei den jährlich wiederkehrenden Clips zu Spendenaufrufen um die Weihnachtszeit stattfindet, würde auch eher den gegensätzlichen Effekt erzielen: Abwehrreaktionen (*Reaktanz* und *Irritation*). Emotionale Positionierungselemente lassen sich einem Konsumenten schließlich nicht aufdrängen. Genau diese subtile Vorgehensweise mit ihrer kleingliedrigen Detailarbeit an vielen Kontaktpunkten zum Konsumenten ist das kommunikationspolitische Erfolgsrezept der (emotionsbasierten) akustischen Markenführung. Im nächsten Kapitel sollen diese Aspekte nun Implikationen für den Musikunterricht hervorbringen.

6.2 Implikationen für den Musikunterricht

Die Orientierung der Werbemaßnahmen an konventionellen Zielgruppen, die durch bestimmte gesellschaftliche Lager gekennzeichnet sind, gehört der Vergangenheit an. Hingegen wird versucht, den Begriff der *Zielgruppe* neu und umfassender zu denken und die Emotionalisierung von Produkten und Marken in die Produktversprechen mit einzubeziehen. Dieser Ansatz führt dazu, dass eine Werbemaßnahme und ihre emotionalen Versprechen die Lebensrealität verschiedenster gesellschaftlicher Gruppen einschließen kann. Aufgrund ihrer emotionalen Unreife ist es dabei die Gruppe der Kinder und Jungendlichen, die besonders zugänglich für diese Werbemaßnahmen sind. Folgt man nun dem gesellschaftlichen (und politischen) Anspruch, Schule solle die Kinder und Jugendlichen in einer möglichst ganzheitlichen Art und Weise auf die Lebensrealität vorbereiten, muss man zwangsläufig zum Schluss kommen, dass veränderte Ansätze in der Markenkommunikation mit Musik auch zu veränderten Ansätzen in der Schule führen müssen.[447]

---

[446] vgl. hierzu auch Mandler (1979)
[447] Vgl. Einleitung

Diese müssen vor allem interdisziplinärer Art sein: In fächerübergreifenden Unterrichtsansätzen können sowohl die musikalischen, als auch die Kognitionspsychologischen und Psychophysiologischen Elemente emotionalisierender Werbemaßnahmen an die Stelle der Bearbeitung herkömmlicher Werbemusik im Musikunterricht treten. Ziel eines solchen Ansatzes muss sein, dass die Kinder und Jugendlichen zunächst die Mechanismen der Emotionalisierung verstehen, um in einem zweiten Schritt Strategien entwickeln zu können, wie sie Prozesse der emotionalisierenden Überzeugung erkennen können und somit ein souveränes Konsumverhalten entwickeln zu können.

6.2.1 Mechanismen der Emotionalisierung

Unter den Unterrichtsfächern an Realschulen in Baden-Württemberg ist es zunächst vor allem das Fach Ethik, dass philosophisches Potential besitzt und sich deshalb für eine Behandlung emotionaler Prozesse anbietet. Da die Schülerinnen und Schüler in ihrer natürlichen Umgebung bereits unter dem ständigen Eindruck von Werbemaßnahmen stehen, kann das erfahrungsbasierte Vorwissen seitens der Schüler ein Ausgangspunkt zur Erarbeitung des Themenfeldes sein.

Um Mechanismen der Emotionalisierung nachvollziehen zu können, muss dieser Bereich in drei thematisch interdisziplinäre Unterbereiche eingeteilt werden: Emotion, Markenkommunikation und emotionale Wirkung von Musik. Das erste Gebiet bietet sich für das Fach Ethik an. Das Themenfeld Markenkommunikation lässt sich gut in den Gemeinschafts- oder Wirtschaftskundeunterricht (falls angeboten) integrieren. Das letzte Element ist für den Musikunterricht geeignet.

Die Lernziele, die mit Unterrichtseinheiten zum Thema *Emotion* in Verbindung stehen, lassen sich wie folgt formulieren

Die Schülerinnen und Schüler ...

    a. können die evolutionäre Grundfunktion von Emotionen benennen und hinsichtlich heutiger Relevanz einordnen.
    b. können Glück von Freude (Spaß) abgrenzen.

c. können Emotionen und Stimmungen entlang Merkmalen des emotionalen Erlebens gegeneinander abgrenzen.
d. können einen modernen Emotionsbegriff (i.S.v. emotionalen Episoden) erfassen.
e. können die Induktion von Emotionen von der Repräsentation von Emotionen unterscheiden (physiognomische Qualität).
f. können das Zusammenspiel von Emotionen und Physiologie nachvollziehen und mit eigenen Erfahrungen in Verbindung bringen.
g. können die Pfade, über die Emotionen über ANS und ZNS entstehen benennen und beschreiben (Evaluation, Memory, Empathie, Propriozeptives Feedback).
h. können den Prozess der emotionalen Konditionierung nachvollziehen.

Für das Themengebiet *Markenkommunikation* ergeben sich folgende Lernziele:

Die Schülerinnen und Schüler

i. können die Strategien der identitätsorientierten Markenführung nachvollziehen und im Alltag erkennen.
j. können den Aufbau von Markenwissen anhand symbolischer Gedächtnismodelle nachvollziehen und mit vorhandener Vorerfahrung zum Lernen allgemein in Verbindung setzen.
k. können die emotionalisierenden Aspekte einer Kommunikationsmaßnahme erkennen und bewerten.

Für die Erarbeitung des Themenfeldes *Erzeugung von Emotion durch Musik*, lassen sich folgende Lernziele festhalten:

Die Schülerinnen und Schüler

l. können das Prinzip der Evokation von Emotion durch eine systematisch affektive Symbolik bei zeit- und klangbezogenen Elementen der Musik nachvollziehen.
m. können die entsprechenden emotionalen Kodierungen dekodieren, indem sie reflexiv Musik hören, sowie die zugeordnete affektive Symbolik benennen und beschreiben können.

n. können die emotionalen Vorgänge in den Elementen Form und Kontext und Performance nachvollziehen.
o. können emotionale Effekte musiksyntaktischer Regularität beschreiben.
p. können die Aspekte aus den Lernzielen zum Themenbereich Emotion mit musikalischen Erfahrungen in Verbindung setzen.
q. können musikalische Reize hinsichtlich der Funktionen in der Markenkommunikation erkennen.
r. können musikalische Reize in Werbemaßnahmen hinsichtlich ihrer emotionalen Absicht einordnen.
s. können akustische Markenelemente erkennen, bezeichnen und bewerten.
t. können emotionale Markenpositionierungen anhand akustischer Bestandteile der entsprechenden Markenkommunikation erkennen und beschreiben.

In einem fächerübergreifenden Unterricht, im Idealfall mit Team-Teaching Ansatz der entsprechenden Fachlehrer, muss dann der nächste Schritt geschehen: Die Erkenntnisse aus diesen drei Themengebieten müssen aufgearbeitet und zueinander in Verbindung gesetzt werden, um mit den Schülerinnen und Schülern gemeinsam Strategien zu souveränem Konsumverhalten zu entwickeln.

6.2.2 Strategien zu souveränem Konsumverhalten

Hierbei bietet es sich an, das Fach Kunst mit einzubeziehen. Der Ansatz, die potenzierte Informationsvermittlung bei (z.B. visuell-akustischer) multisensualer Repräsentation gleicher Informationen zu behandeln, kann hier als Ausgangspunkt dienen, um auf die Werbepraxis zu deuten. So kann überlegt werden, wie bestimmte Markenidentitäten sowohl akustisch, als auch visuell umgesetzt werden können. Schülerinnen und Schüler können eigene Werbeansätze identitätsorientierter Markenkommunikation entwerfen und diese gegenseitig bewerten. Die Erkenntnisse aus 6.2.1. dienen dann als Bewertungsgrundlage. Gerade hierbei würde sich ein projektorientierter Ansatz interdisziplinärer Form anbieten.

Strategien zu souveränem Konsumverhalten müssen die Schülerinnen und Schüler dann zu Folgendem befähigen:

Die Schülerinnen und Schüler

> u. können Mechanismen und Wirkungsweise emotionalisierender akustischer Markenführung erkennen, einordnen und beurteilen.

Durch das Wissen über die Existenz und Funktionalität unbewusster emotionaler Vorgänge findet eine Auseinandersetzung statt, die ein Bewusstsein für das eigene Konsumverhalten schafft. Die Schülerinnen und Schüler können sich dann frei dafür oder dagegen – in jedem Fall aber größtenteils bewusst – entscheiden. Sie werden zu mündigem und selbstverantwortlichem Handeln befähigt, das mediale Botschaften kritisch hinterfragt und eine reflexive Selbstwahrnehmung fördert.

6.2.3 Bezug zum Bildungsplan

Der Bildungsplan für Realschulen in Baden-Württemberg sieht für das Fach Musik folgende Kompetenzen vor:

Die Schülerinnen und Schüler können

> (1) „Außermusikalische Ereignisse verklanglichen [...].
> (2) Musik in Szene und Bild umsetzen[...].
> (3) Den Ausdrucksgehalt von Musik wahrnehmen[...].
> (4) Die Wirkung von Musik erkennen und beschreiben[...].
> (5) Verschiedene Aspekte von Musik erkennen und beschreiben[...].
> (6) Bezüge zu anderen Künsten und Fächern herstellen[...].
> (7) Zu unterschiedlichen Hörbeispielen differenziert Stellung nehmen[...]."[448]

In themenorientierten Projekten zum Thema Wirtschaften, Verwalten und Recht (WVR) sieht der Bildungsplan als Kompetenzerwerb außerdem vor:

---

[448] Bildungsplan für Realschulen in Baden-Württemberg (Landesbildungsserver)

(8) „Die Schülerinnen und Schüler können [...] Kontakte zu Betrieben, Verwaltungen und weiteren Institutionen knüpfen, um die Bedürfnisse von Auftraggebern, Kunden oder anderen Gruppen zu erkunden."[449]

Die vom Bildungsplan vorgesehenen Kompetenzen lassen sich den Lernzielen, die in 6.2.1. und 6.2.2. formuliert wurden, zuordnen. Geht es zum Beispiel darum, außermusikalische Ereignisse zu verklanglichen (1) und Musik in Bild und Szene umzusetzen (2), kann auf die Effekte der multisensorischen Wahrnehmung hingewiesen werden. Schülerinnen und Schüler können anhand von Beispielen aus der Werbepraxis die Integration von Informationen von einer Modalität in die andere kennen lernen und selbst versuchen, beispielsweise einen *reinen* oder *rauen* Klang zu beschreiben, oder vielleicht sogar selbst zu erzeugen. Sie können aus einem angebotenen Instrumentarium beispielsweise jene Instrumente auswählen, deren Klang sie mit *Freude* in Verbindung bringen würden. Das Plädoyer hierbei ist, außermusikalische Ereignisse und intermodale Musikwahrnehmung in einem generelleren Begriff zu sehen und an die Lebenswirklichkeit der Schülerinnen und Schüler anzupassen. Ein moderner Begriff von Klanggestaltung als Repräsentation außermusikalischer Ereignisse muss über einen Ansatz von Film- und Programmmusik hinausgehen und sich der Lebensrealität der Schülerinnen und Schüler stellen.

Dazu muss natürlich der Ausdrucksgehalt von Musik wahrgenommen werden können (3): Die Wirkung von Musik muss erkenn- und beschreibbar sein (4) (7), um diese Kompetenz überprüfbar zu machen. Dabei ist es hilfreich, die Schülerinnen und Schüler auf die Unterscheidung von Induktion und Wahrnehmung von Emotionen hinzuweisen und neben dem emotionalen Ausdruck von Musik auch auf die emotionale Funktion von Musik in der Werbepraxis zu verweisen. Die Schülerinnen und Schüler kommen dann mit der funktionalen Seite von Musik in Berührung und lernen diesen funktionalen Aspekt als einen unter mehreren Aspekten von Musik kennen (5). Die Auseinandersetzung mit Kundenbedürfnissen schließt den funktionalen Aspekt von Musik mit ein (8). Hier kann auf die identitätsorientierte Markenführung verwiesen werden. Jugend-

---

[449] Bildungsplan für Realschulen in Baden-Württemberg (Landesbildungsserver)

lichen muss es ermöglicht werden, Werbemaßnahmen möglichst bewusst wahrzunehmen, damit sich ein souveräner Umgang entwickeln kann. Hierfür müssen sie nicht nur wissen, wie emotionalisierende Werbung wirkt, sondern auch, aufgrund welcher Kundengruppen sie konzipiert ist.

Die Geschwindigkeit, mit der sich die mediale Welt für Jugendliche ändert, ist heute enorm geworden. Die bewusst gestalteten Berührungspunkte von Marke und Konsument nehmen dabei mit jeder technischen Innovation zu. Akustische Werbemaßnahmen werden heute über Internet-Werbung, über Apps auf Smartphones und Tablets, über das TV-Gerät, über das Radio oder über Lautsprecher in Geschäften und Supermärkten geleitet, um nur einige zu nennen. Die Musikdidaktik kann und muss vor diesem Hintergrund eine entscheidende Rolle einnehmen, wenn es darum geht, den Schülerinnen und Schülern einen souveränen Umgang mit den emotionalen *Suggestiv-Fallen* der Werbemaßnahmen an diesen touchpoints zu ermöglichen.

7 Abschluss

Obwohl das neue Credo der Werbeschaffenden ‚Emotionalisierung von Marken und Produkten' lautet, HÄUSEL (2000) spricht von *emotional boosting*, fehlt jedoch noch weitgehend das Zusammenbringen dieser Auffassung mit der Erkenntnis, dass gerade musikalische Stimuli unmittelbare emotionale Effekte hervorrufen können. Obwohl Musik in der Werbung schon seit langem verwendet wird, fehlte es lange an einer konzeptionellen Implementierung der akustischen Markenführung in die Markenkommunikation. Der noch sehr junge Bereich der akustischen Markenführung wird sich in den nächsten Jahren weiter entwickeln und systematisieren (müssen). Erste Master Studiengänge, beispielsweise an der Universität der Künste in Berlin, bilden bereits Sound-Designer für das Arbeitsfeld des Audio-Branding aus.

Nicht *ob*, sondern *wie* Musik dabei eingesetzt wird hat letzten Endes einen Einfluss auf die emotionale Wirkung von Musik – Die Werbeschaffenden haben diesen Sachverhalt längst verstanden. Insbesondere die intermodale Wahrnehmung und verfeinerte Ansätze zur intermodalen Integration akustischer Bestandteile werden in Zukunft deshalb weiter entwickelt werden. Längst werden beispielsweise Gerüche manipulativ eingesetzt und integriert – oder aber die Haptik, schaut man sich den wachsenden Markt für elektronische Geräte mit Touchscreens an, ist dies keine Überraschung. Und auch dabei ist keiner der Klänge, die das Smartphone in Verbindung mit Bewegungen auf dem und Berührungen mit dem Bildschirm abgibt, zufällig ausgewählt. Das Samsung Smartphone *fühlt* sich anders an, *sieht* anders aus und *hört* sich vor allem auch anders an, als das iPhone von Apple.

Es bleibt also spannend, zu beobachten, wie sich der Einsatz akustischer Elemente in der Markenkommunikation in den nächsten Jahren entwickeln wird. Dass eine emotionale Wirkung in der Markenkommunikation weiterhin forciert, noch vielfach verfeinert und vor allem auch ausgebaut werden wird, ist anzunehmen. Im Gegensatz zu unseren Augen, können wir unsere Ohren jedoch nicht schließen. Wir können uns der emotionalen Beeinflussung von Werbeversprechen nicht einfach verschließen, denn wir können nicht weghören. Das Ziel, das mit der Erstellung dieser Buches verbunden ist, soll deshalb die Befähigung sein, genauer, verstehender und damit souveräner, hin hören zu können.

8 Literaturverzeichnis

Aaker, J. (2001): *Dimensionen der Markenpersönlichkeit.* In: Esch, F.-R. (Hg.), Moderne Markenführung 3. Erw. und akt. Auflage. Wiesbaden: Gabler Verlag, S. 91-102

Aebli, H. (1976): *Grundformen des Lehrens: Eine allgemeine Didaktik auf kognitionspsychologischer Grundlage* (9. Stark erw. Aufl.). Stuttgart: Ernst Klett Verlag

Alpert, J. & Alpert, M. (1988): *The Effects of Music in Advertising on Mood and Purchase Intentions.* Unpublished working paper 85/86, 5-4, University of Texas

Anderson, J. R. (2000): *Kognitive Psychologie* (J. Grabowski, R. Graf, Übers.) (3. Aufl.). Heidelberg, Berlin: Spektrum Akademischer Verlag

Areni, C.S. & Kim, D. (1993): *The influence of background music on shopping behaviour: classical versus top.forty music in a wine store.* In: Advances in Consumer Research 20, pp. 336-340

Balch, W., Myers, D.M. & Papotto, S. (1999): *Dimensions of mood in mood-dependent memory.* In: Journal of Experimental Psychology: Learning, Memory and Cognition.

Ballhausen, M. & Tallau, C. (2008): *Akustische Markenführung – Von der Markenidentität zum akustischen Markenauftritt.* In: Transfer Werbeforschung und Praxis (04/2008), pp. 48-55

Bartlett, D.L. (1996): *Physiological responses to music and sound stimuli.* In: Handbook of music psychology, (2nd edn) (ed. D.A. Hodges), pp. 343-85. San Antonio, TX: IMR

Bartlett, J. C. & Snelus, P. (1980): *Lifespan Memory for Popular Songs.* In: American Journal of Psychology, Vol. 93 (No. 3), S. 551-560

Baumgartner, H. (1992): *Rememberance of Things Past: Music, Autobiographical Memory, and Emotion.* In: Advances in Consumer Research Vol. 19, S. 613-620

Beckmann, A. (1995): *Der Einfluss von Musik auf die Wahrnehmung eines Films.* Hausarbeit zur ersten Staatsprüfung für das Lehramt für die Primarstufe, Maschinenschriftlich, Münster.

Blood, A. & Zatorre, R. (2001): *Intensely pleasurable responses to music correlate with activity in brain regions implicated in reward and emotion.* PNAS 2001;98;11818-11823

Brewer, W. F. & Tryens, J. C. (1981): *Role of Schemata in Memory for Places.* In: Cognitive Psychology, 13, S. 207-230

Bronner, K. (2007): *Grundlagen des Audio Branding*. In: Audio Branding – Entwicklung, Anwendung, Wirkung akustischer Identitäten in Werbung, Medien und Gesellschaft, Hrsg.: Bronner, K.; Hirt, R.. München, S. 82 - 96.

Brown, J.D. & Mankowski, T. (1993): *Self esteem, mood and self-evaluation: Change in mood and the way you see you*. In: Journal of Personality and Social Psychology, 64, 421-30

Bruhn, H. (2009): *Musik als Repräsentation von vorgestellten Handlungen-Ausdrucksmodelle und Wirkungen von Musik*. In: Audio Branding-Entwicklung, Anwendung, Wirkung akustischer Identitäten in Werbung,Medien und Gesellschaft, Hrsg.: Bronner, K.; Hirt, R.. München, S. 20 - 31.

Bruhn, M. (2003): *Integrierte Unternehmens- und Markenkommunikation. Strategische Planung und operative Umsetzung* (3. Aufl.). Stuttgart.

Bruner, G. C. (1990): *Music, Mood and Marketing*. In: Journal of Marketing, Vol. 54 (No. 4), S. 94-104

Campbell, I. G. (1942): *Basal Emotional Patterns Expressible in Music*. In: The American Journal of Psychology, Vol. 55 (No. 1), S. 1-17

Cannon, W.B. (1975): *Wut, Hunger, Angst und Schmerz – Eine Physiologie der Emotionen*. München u.a.: Urban & Schwarzenberg.

Collins, A. M. & Loftus, E. F. (1975): *A Spreading-Activation Theory of Semantic Processing*. In: Psychological Review, Vol. 82 (No. 6), S. 407-428

Collins, A. M. & Quillian, M.R. (1972): *How to Make a Language User*. In: E. Tulving, W. Donaldson (Hg.), Organization of Memory, New York, London: Academic Press. S 309-351

Contrada, R.J., Hilton, W.F., Glass, D.C. (1991): *Effects of emotional imagery on physiological and facial responses in Type A and Type B Individuals*. Journal of Psychosomatic Research, 35, 391-397

Dalton, K.M. (1998*)*: *Relationship between anterior cerebral asymmetry, cardiovascular reactivity, and anger-expression style during re-lived emotion and coping tasks*. Dissertation Abstracts International: Section B: The Sciences and Engineering, 59,1406.

Davis, J.B. (1978): *The Psychology of Music*. London: Hutchinson

Davis, S. M. & Dunn, M. (2002): *Building the Brand-Driven Business: Operationalize Your Brand to Drive Profitable Growth*. San Francisco: Jossey-Bass

De la Motte-Haber (1985): *Handbuch der Musikpsychologie.* Laaber: Laaber Verlag

De la Motte-Haber (2004): *Ästhetische Erfahrung: Wahrnehmung, Wirkung, Ich-Beteiligung.* In: Helga de la Motte-Haber (Hrsg.), Musikästhetik. Laaber: Laaber Verlag

De la Motte-Haber, H. & Dahlhaus, C. (1982): *Systematische Musikwissenschaft.* Wiesbaden & Laaber: Laaber-Verlag.

De la Motte-Haber, H. & Rötter, G. (1985): *Musikhören und Verkehrssicherheit.* Berlin 1985

De la Motte-Haber, H., Gembris, H. & Rötter, G. (1990): *Das erste Experiment.* In: Musikhören beim Autofahren, Schriften zur Musikpsychologie und Musikästhetik. Bd. 4 Frankfurt a.M.: Peter Lang, pp. 26-39

Dimberg, U. (1988): *Facial expressions and emotional reactions: A Psychobiological Analysis of human social behaviour.* In: Social Psychology and Emotion: Theory and clinical applications, (ed. L.W. Hugh), pp. 131-50. Chichester, UK: Wiley

Dowling, W. J. & Harwood, D. L. (1986): *Music Cognition.* Orlando, San Diego, New York, London, Toronto, Montreal, Sydney, Tokyo: Academic Press

Duffy, E. (1941): *An explanation of 'emotional' phenomena without the use of the concept 'emotion'.* In: Journal of General Psychology, 25, 283-93

Edell, J. A. & Keller, K. L. (1989): *The Information Processing of Coordinated Media Campaigns.* In: Journal of Marketing Research, Vol. 26 (Mai), S. 149-163

Ekman, P., Levenson, R.W. & Friesen, W.V. (1983): *Autonomic nervous system activity distinguishes among emotions.* In: Science, 221, 1208-10

Ellis, D.S. & Brighou, G. (1954): *Effects of music on respiration and heart rates.* In: Edward Podolsky (Hrsg.) Music Therapy. New York: Philosophical Library.

Engelkamp, J. (1991): *Das menschliche Gehirn.* Göttingen, Toronto, Zürich: Dr. C. J. Hofgrefe

Esch, F.-R. (1992): *Integrierte Kommunikation – ein verhaltenswissenschaftlicher Ansatz.* In: Thexis, 9. Jg. (Heft 6), S. 32-40

Esch, F.-R. (1993): *Verhaltenswissenschaftliche Aspekte der integrierten Marketing-Kommunikation.* In: Werbeforschung & Praxis, 38. Jg. (Heft 1), S. 20-28

Esch, F.-R. (2001): *Wirkung integrierter Kommunikation: Ein verhaltenswissenschaftlicher Ansatz* (3. Akt. Aufl.). Wiesbaden: Gabler Verlag

Esch, F.-R. (2003): *Strategie und Technik der Markenführung.* München: Vahlen Verlag

Eschbach, A. (2005): *Corporate Sound*, in: design report, H. 11, S. 22 - 25. Groves, J. (2007): A short history of Sound Branding, in: Audio Branding – Entwicklung, Anwendung, Wirkung akustischer Identitäten in Werbung, Medien und Gesellschaft, Hrsg.: Bronner, K.; Hirt, R., München, S. 40 - 51.

Etcoff, N. (1999): *Survival of the prettiest. The science of beauty.* New York: Anchor Books

Eysenck, M. W. (1984): *A Handbook of Cognitive Psychology.* Hillsdale, New Jersey: Lawrence Erlbaum.

Faltin, P. (1979): *Phänomenologie der musikalischen Form.* Wiesbaden: Steiner.

Fiske, S. T. & Linville, P. W. (1980): *What does the Schema Concept Buy Us?* In: Personality and Social Psychology Bulletin, Vol. 6 (No. 4), S. 543-557

Gembris, H. (1985): *Musikhören und Entspannung.* In: Helga de la Motte-Haber (Hrsg.) (1985), Beiträge zur systematischen Musikwissenschaft. Bd. 8, Hamburg: Karl Dieter Wagner

Gigerenzer, G. (1981): *Messung und Modellbildung in der Psychologie.* München, Basel: E. Reinhardt.

Gomez, P. & Danuser, B. (2004*): Affective and physiological responses to environmental noises and music.* In: International Journal of Psychophysiology 53/2, pp. 91-103

Grundlach, R. (1935): *Factors Determining the Characterization of Musical Phrases.* In: American Journal of Psychology, 47 (Oktober), S. 624-643

Harrer, G. (1982): *Grundlagen der Musiktherapie und Musikpsychologie.* Stuttgart: Fischer, p. 24

Häusel, H. G. (2000): *Emotional Boosting. Die hohe Kunst der Kaufverführung.* Freiburg, Berlin, München: Haufe Mediengruppe.

Hevner, K. (1935): *The Affective Character of the Major and the Minor Modes in Music.* In: The American Journal of Psychology, Vol. 19 (Juni), S. 7-12

Hevner, K. (1936): *Experimental Studies oft he Elements of Expression in Music.* In: American Journal of Psychology, 48 (April), S. 246-268

Hevner, K. (1937): *The Affective Value of Pitch and Tempo in Music*. In: American Journal of Psychology, 49 (Oktober), S. 621-630

Holbrook, M. & Anand, P. (1988): *Aims, Concepts and Methods in Marketing Research on Consumer Esthetics: The Effects of Tempo on Perceptual and Affective Responses to Music*. Unpublished working paper.

Hung, K. (2000): Narrative *Music in Congruent and Incongruent TV Advertising*. In: Journal of Advertising Research, Vol. 19 (No. 1), S. 25-34

Jackson, D. (2003): *Sonic Branding: An Introduction*. New York.

James, W. (1890): *Principles of Psychology (1890)*. dt. *Psychologie*. Leipzig: Quelle & Meyer, 1909.

Jourdain, R. (2001): *Das wohltemperierte Gehirn – Wie Musik im Kopf entsteht* (M. Lumberger, H. Mühler; Übers.). Heidelberg, Berlin: Spektrum Akademischer Verlag

Juslin, P.N. & Laukka, P. (2003): *Communication of emotions in vocal expression and music performance: Different channels, same code?* In: Psychological Bulletin 129/5 (2003), pp. 770-814

Juslin, P.N. & Sloboda J.A. (Hrsg.) (2001): *Music and Emotion: Theory and Research*. Oxford: Oxford University Press.

Kappas, A., Hess, U. & Scherer, K. (1991): *Voice and Emotion*. In: Fundamentals of nonverbal behaviour (ed. R.S. Fedlman & B. Rimé), pp. 200-38. Cambridge, UK: Cambridge University Press

Karno, M. & Konečni, V. (1992): *The Effects of Structural Interventions in the First Movement of Mozart's Symphony in G-Minor KV 550*. In: Music Perception 10/1 (1992), p. 63-72

Kastner, S. (2008): *Klang macht Marken: Sonic Branding als Designprozess*. Wiesbaden.

Kellaris, J. J. & Kent, R. J. (1991): *Exploring Tempo and Modylity Effects on Consumer Responses to Music*. In: Advances in Consumer Research Vol. 18, S. 243-248

Kellaris, J. J.; Cox, A. D. & Cox, D. (1993): *The Effects of Background Music on Ad Processing: A Contingency Explanation*. In: Journal of Marketing, Vol. 57 (Oktober), S. 114-125

Kieras, D. (1978): *Beyond Pictures and Words: Alternative Information-Processing Models of Imagery Effect in Verbal Memory*. In: Psychological Bulletin, Vol. 85 (No.3), S. 532-554

Kinnear, J. (1959): *The Effects of Instrumental Tone Quality Upon Mood Response to Music*. Unpublished master's thesis. Florida State University

Kivy, P. (1989): *Sound Sentiment: An Essay on the musical emotions*. Philadelphia, PA: Temple University Press

Kleinen, G. (1968): *Experimentelle Studien zum musikalischen Ausdruck.* Hamburg: Gerig.

Koelsch, S. (2011): *Musik, Emotion, Gehirn*. Ringvorlesung Freie Universität Berlin (22.11.2011). http://www.loe.fu-Berlin.de/zentrum/einblicke/ringvorlesung/musik/index.html (23.06.2013).

Koelsch S., Fritz T., Yves v. Cramon D., Müller K., Friederici A.D. (2006*): Investigating Emotion with Music: An fMRI Study*. In: Human Brain Mapping 27:239-250

Koelsch S., Kilches S., Steinbeis N., Schelinski S. (2008) *Effects of Unexpected Chords and of Performer's Expression on Brain Responses and Electrodermal Activity*. PLoS ONE 3(7)

Konečni, V. (1982): *Social Interaction and Musical Preference*. In: The Psychology of Music. Diana Deutsch, ed. New York: Academic Press, Inc., S. 497-514.

Konečni, V. (2002): *Review of: Patrick N. Juslin & John A. Sloboda (Hrsg.), Music and Emotion: Theory and Research.* Oxford: Oxford University Press 2001 in: Music Perception 1, p. 333

Kosfeld, C. (2004): *Sound Branding: Eine strategische Säule erfolgreicher Markenkommunikation*. In: Effizienz in der Markenführung, Hrsg.: Boltz, D.-M.; Leven, W.. Hamburg, S. 44 - 57.

Kreutz, G., Bongard, S. & von Jussis, J. (2002): *Kardiovaskuläre Wirkungen des Musikhörens: Die Bedeutung von Expertise und musikalischem Ausdruck*. In: Musicae Scientiae 6/2, pp. 257-278

Kroeber-Riel, W. (1996): *Bildkommunikation: Imagerystrategien für die Werbung*. München: Franz Vahlen Verlag.

Kroeber-Riel, W. & Esch, F.-R. (2000): *Strategie und Technik der Werbung: verhaltenswissenschaftliche Ansätze* (5., völlig neu bearb. Und erw. Aufl.). Stuttgart, Berlin, Köln: Kohlhammer

Kroeber-Riel, W. & Weinberg, P. (2003): *Konsumentenverhalten*, (8. Aufl.). München.

Krommes, R. (1996): *Musik in der Fernseh- und Rundfunkwerbung. „Phantasie ist wichtiger als Wissen"*. In: GfK Jahrbuch der Absatz- und Verbrauchsforschung, 42. Jg., H. 4, S. 406 - 434.

Krugmann, D. & Langeslag, P. (2009): *Akustische Markenführung im Rahmen eines identitätsbasierten Markenmanagements*. In: Bronner, Kai & Hirt, Rainer (Hrsg.): Audio-Branding. Baden-Baden: Nomos Verlagsgesellschaft.

Krumhansl, C. L. (1991): *Memory for Musical Surface*. In: Memory & Cognition, Vol. 19 (Nr. 4), S. 401-411

Kusatz, H. (2007): *Akustische Markenführung – Markenwerte gezielt hörbar machen*. In: transfer – Werbeforschung & Praxis, 52. Jg., H. 1, S. 50 - 52.

Lang, P.J. (1979): *A bio-informational theory of emotional imagery*. In: Psychophysiology, 16, 495-512

Lang, P.J., Kozal, M.J., Miller, G.A., Levin, D.A., MacLean, A. (1980): *Emotional imagery: Conceptual structure and pattern of somato-visceral response*. In: Psychophysiology, 17, 179-92

Lange, C. (1910): *Die Gemütsbewegungen – Ihr Wesen und ihr Einfluss auf körperliche, besonders auf krankhafte Lebenserscheinungen; eine medizinisch-psychologische Studie*. Würzburg.

Langeslag, P. & Hirsch, W. (2003): *Acoustic Branding – Neue Wege für Musik in der Markenkommunikation*. In: Jahrbuch Markentechnik 2004/2005, Hrsg.: Brandmeyer, K.; Deichsel, A.; Prill, C., Frankfurt am Main, S. 231 - 245.

LeDoux, J.E. (1992): *The emotional brain*. New York: Simon & Schuster

Lindstrom, M. (2005): *Brand Sense. How to Build Powerful Brands through Touch, Taste, Smell, Sight & Sound*. London et al.

Linville, P. W. & Carlston, D. E. (1994): *Social Cognition of The Self*. In: Devine, P. G., Hamilton, D. L. Ostrom, T. M. (Hg.), Social Cognition: Impact on Social Psychology. San Diego: Academic Press, S. 143-193

Linxweiler, R. (2004): *Marken-Design. Marken entwickeln, Markenstrategien erfolgreich umsetzen* (2. Aufl.). Wiesbaden.

Lundqvist, L.G., Carlsson, F. & Hilmersson, P. (2000): *Facial electromyography, autonomic activity, ans emotional experience to happy and sad music*. Paper presented at the 27th International Congress of Psychology. Stockholm, Sweden, 23-28 July 2000

MacLean, P. (1985): *Evolutionary psychiatry and the triune brain.* In: Psychological Medicine 15, pp. 219-221

Mandl, H.; Friedrich, H. F. & Hron, A. (1988): *Theoretische Ansätze zum Wissenserwerb.* In: Heinz Mandl, Hans Spada (Hg.), Wissenspsychologie. München, Weinheim: Psychologie Verlags Union, S. 123-160

Mandler, G. (1979): *Denken und Fühlen. Zur Psychologie emotionaler und kognitiver Prozesse.* Paderborn: Junfermann.

Martin, M.A. & Metha, A. (1997): *Recall of early childhood memories through musical mood induction.* In: Arts in Psychotherapy, 25, 447-54

Mayer, R. E. (1992): *Thinking, Problem Solving, Cognition* (2. Aufl.). New York: W. H Freeman and Company

McIntosh, D.N. (1996): *Facial feedback hypotheses: Evidence, implications, and directions.* In: Motivation and Emotion, 20, 121-47

Meffert, H., Burmann, C. & Kirchgeorg, M. (2007): *Marketing: Grundlagen marktorientierter Unternehmensführung. Konzepte, Instrumente, Praxisbeispiele,* (10. Aufl.). Wiesbaden.

Meyer, L.B. (1956): *Emotion and meaning in music.* Chicago: University of Chicago Press.

Meyer, L.B. (2001): *Music and Emotion: Distinctions and Uncertainties.* In: Juslin, P. & Sloboda, J. (Ed.) (2001): Music and Emotion. Oxford: Oxford UP

Mitterschiffthaler M., Fu C.H.Y., Dalton J.A., Andrew Ch. M., Williams S.C.R. (2007): *A Functional MRI Study of Happy and Sad Affective States Induced by Classical Music.* In: Human Brain Mapping 28:1150-1162

North, A.C. & Hargreaves, D.J. (1997): *Liking, arousal potential, and the emotions expressed by music.* In: Scandinavian Journal of Psychology 38/1, pp. 45-53

Öhman, A. (1988): *Preattentive processes in the generation of emotions.* In: Cognitive perspectives on emotion and motivation, (ed. V. Hamilton, G.H. Bower & N.H. Frijda), pp. 127-44. Dordrecht, The Netherlands: Kluwer

Papez, J.W. (1937): *A proposed machanism of emotion.* In: Archives of Neurology & Psychiatry 38, pp. 725-743

Pitman, R.K., Orr, S.P., Shalev, A.Y., Metzger, L.J., & Mellman, T.A. (1999): *Psychophysiological alterations in post-traumatic stress disorder.* In: Seminars in Clinical Neuropsychiatry, 4, 234-41

Plutchik, R. & Kellermann, H. (1980): *Emotion: Theory, Research, and Experience (Bd. 1).* New York: Academic Press.

Raffaseder, H. (2009): *Klangmarken und Markenklänge: Die Bedeutung der Klangfarbe im Audio-Branding.* In: Bronner, Kai & Hirt, Rainer (Hrsg.): Audio-Branding. Baden-Baden: Nomos Verlagsgesellschaft.

Rigg, M. (1940): *Speed as a Determiner of Musical Mood.* In: Journal of Experimental Psychology, 27 (November), S. 566-571

Roederer, J. G. (1982): *Physical and Neurophysical Foundation of Music.* In: Clynes, M. (Hg.), Music, Mind and Brain. New York: Plenum Press, S. 37-46

Roehm, M.L. (2001): *Instrumental vs. Vocal versions of popular music in advertisement.* In: Journal of Advertising Research 41/3 (2001), pp. 49-58; Adrian C. North, Liam C. MacKenzie & Ruth M. Law, *The Effects of Musical and Voice ‚Fit' on Responses to Advertisements.* In: Journal of applied social Psychology 34/8 (2004), S. 1675-1708

Roth, S. (2005): *Akustische Reize als Instrument der Markenkommunikation.* Wiesbaden: Deutscher Universitätsverlag

Rötter, G. (1999): *Die musikalische Form der Klavierwerke Ecvard Griegs.* In: Ekkehard Kreft (Hrsg.), Kongressbericht 2. Deutscher Edvard-Grieg-Kongress. Frankfurt a.M.: Hildegard Junker, p. 49-58

Rötter, G. (2004): *Musik und Emotion.* In: Helga de la Motte-Haber & Günther Rötter (Hg.) (2004), *Musikpsychologie.* Handbuch der Systematischen Musikwissenschaft, Band 3. Hamburg: Laaber-Verlag.

Rumelhart, D. E. & Norman, D. E. (1978): *Accretion, Tuning and Restructuring: Three Modes of Learning.* In: Cotton, J W.; Klatzky, R. L. (Hg.), Semantic Factors in Cognition, Hillsdale: Lawrence Erlbaum, S. 51-77

Rumelhart, D. E. & Ortony, A. (1977): *The Representation of Knowledge in Memory.* In: R. C. Anderson, R. J. Spiro, W. E. Montague (Hg.), Schooling and the Acquisition of Knowledge, Hillsdale, New Jersey: Lawrence Erlbaum Associations, S. 99-135

Russel, P. (1987): *Effects of Repetition on the Familarity and Likeability of Popular Music Recordings.* In: Psychology of Music 15 (2), S. 187-97

Scherer, K. R. (1982): *Vokale Kommunikation: Nonverbale Aspekte des Sprachverhaltens.* Weinheim und Basel: Beltz

Scherer, K. R. (1988): *On the symbolic functions of vocal affect expression.* In: Journal of Language and Social Psychology, 7, 79-100

Scherer, K. R. & Oshinsky, J. S. (1977): *Cue Utilization in Emotion Attribution From Auditory Stimuli.* In: Motivation an Emotion, 1 (Dezember), S. 331-346

Scherer, K. R. & Zentner, M.R. (2001): *Emotional Effects of Music: Production Rules.* In: Patrick N. Juslin & John A. Sloboda (Hrsg.), Music and Emotion – Theory and Research. New York: Oxford University Press, pp. 361-392.

Schnotz, W. (1994): *Aufbau von Wissensstrukturen.* Weinheim: Beltz, Psychologie-Verl.-Union

Scott, L. M. (1990): *Understanding Jingles and Needledrop: A Rhetorical Approach to Music in Advertising.* In: Journal of Consumer Research Vol. 17 (September), S. 223-236

Siu-Lan Tan & Spackman, M.P. (2005): *Listeners' judgements of musical unity of strucurally altered and intact musical compositions.* In: Psychology of Music 33, p. 133-153.

Sloboda, J.A. (1992): *Empirical studies of emotional response to music.* In: Cognitive bases of musical communication, (ed. M.R. Jones & S. Holleran), pp. 33-46. Washington, DC: American Psychological Association.

Smith, K. C. & Cuddy, L. L. (1986): *The Pleasingness of Melodic Sequences: Contrasting Effects of Repetition and Rule Familarity.* In: Psychology of Music, Vol. 14, S. 17-32

Smith, R. A. & Houston, M. J. (1985): *A Psychometric Assessment of Measures of Scripts in Consumer Memory.* In: Journal of Consumer Research, Vol. 12 (No. 2), S. 214-224

Stewart, D. W.; Farmer, K. M. & Stannard, C. I. (1990): *Music as a Recognition cue in Advertising-Tracking Studies.* In: Journal of Advertising Research, Vol. 30 (No. 4), S. 39-48

Stoffer, T. H. (1997): *Strukturmodelle,* in: Herbert Bruhn, Rolf Oerter, Helmut Rösing (Hg.), Musikpsychologie (3. Aufl.). Reinbek bei Hamburg: Rowohlts Taschenbuch Verlag, S. 466-478

Stout, P. A. & Rust, R. T. (1986): *The Effects of Music on Emotional Response to Advertising.* In: Convention of the American Academy of Advertising, Larking, Ernest (Hg.), Oklahoma: American Academy of Advertising

Swanwick, K. (1973): *Musical Cognition and Aesthetic Response*. In: Osychology of Music, 1 (Juni), S. 7-13

Tarrant, M.A., Manfredo, M.J., & Driver, B.L. (1994): *Recollection of outdoor recreation experiences: A psychophysiological perspective*. In: Journal of Leisure Research, 26, 357-71

Uplawski (o.J.): *Ich höre, also kauf' ich. Instrumente zur Beeinflussung des Kundenverhaltens und -erlebens am Beispiel von Musik*. Bericht im Forschungspraktikum bei Dr. Martin Scarabis. Psychologisches Institut IV. Münster: Universität Münster

Van der Kolk, B.A. (1997): *The psychobiology of posttraumatic stress disorder*. In: Journal of Clinical Psychiatry, 58 (Suppl. 9), 16-24

Van Stone, J. (1960): *The Effects of Instrumental Tone Quality Upon Mood Response to Music*. In: Music Therapy 1959, Erwin H. Schneider, ed. Lawrence, K.S.: Allen Press

Vinovich, G. (1975): *The Communicative Significance of Musical Affect in Eliciting Differential Perception, Cognition, and Emotion in Sound-Motion Media Messages*. Unpublished doctoral diss., University of Southern California

Watson, K. (1942): *The Nature and Measurement of Musical Meanings*. In: Psychological Monographs, 54 (2), S. 1-43

Wedin, L. (1972): *A Multidimensional Study of Perceptual-Emotional Qualities in Music*. Scandinavian Journal of Psychology, Vol. 13, S. 241-257

Weld, H.P. (1912): *An experimental study of musical enjoyment*. In: American Journal of Psychology 23/2, pp. 245-308

Werner, H. (1926): *Einführung in die Entwicklungspsychologie*. Leipzig: Barth.

Wessels, M. G. (1994): *Kognitive Psychologie* (Gerstenmaier, J., Übers.) (3. Aufl.). München, Basel: E. Reinhardt

Westermann, R., Spiess, K., Stahl, G. & Hesse, F.W. (1996): *Relative Effectiveness and validity of mood induction procedures: A meta analysis*. In: European Journal of Social Psychology, 26, 557-80.

Wilson, S. (2003): *The effect of music on perceived atmosphere and purchase intentions in a restaurant*. In: Psychology of Music 31/1 (2003), pp. 93-109

Witvliet, C.V. & Vrana, S.R. (1996): *The emotional impact of instrumental music on affect ratings, facial EMG, autonomic measures, and the startle reflex: Effects of valence and arousal*. In: Psychophysiology Supplement, 91

Witvliet, C.V., Vrana, S.R. & Webb-Talmadge, N. (1998): *In the mood: Emotional and facial expressions during and after instrumental music, and during an emotional inhibition task.* In: Psychophysiology Supplement, 88

Yalch, R. & Spangenberg, E. (1990): *Effects of store music on shopping behaviour.* In: Journal of Consumer Marketing 49/2, pp. 55-63

Zajonc, R. B. (1968): *Attitudinal Effects Of Mere Exposure.* In: Journal of Personality and Social Psychology 9 (2, Pt.2): 1–27.